LOVE HISTORY

ISBN : 978-2-412-09169-2
Dépôt légal : janvier 2024
Imprimé en France par Normandie Roto Impression s.a.s. (2305706)

Correction : Anne-Lise Martin
Maquette intérieure : Capucine Deslouis

Éditions First, un département d'Édi8
92, avenue de France, 75013 Paris, France
Tél. : 01 44 16 09 00
Fax : 01 44 16 09 01
Email : firstinfo@efirst.com
Site internet : www.lisez.com

Crédits (couverture).
Portrait de Marie Laczynska, comtesse Walewska puis comtesse d'Ornano, François Gérard, vers 1810. Musée de l'Armée, Paris. © Heritage Images/Getty Images.
Napoléon dans son cabinet de travail, Jacques Louis David, 1812. National Gallery of Art, Washington. © John Parrot/Stocktrek Images/Getty Images.
Gravure représentant la bataille d'Austerlitz (1805), © Shutterstock.
Crédits (maquette intérieure).
Illustration page 15, © Shutterstock.

Jean-Joseph Julaud

LOVE HISTORY

AVENTURES, BLUETTES ET PASSIONS :
45 histoires d'amour qui ont fait l'histoire de France

FIRST ÉDITIONS majelan

Sommaire

XVIe siècle 71

XVIIe siècle 103

Avant-propos

L'amour passion de Marie-Antoinette pour Axel de Fersen,

l'amour fusion du roi Louis IX et Marguerite de Provence,

l'amour fou d'Adam Lux pour Charlotte Corday,

plus fou encore, celui d'Henri IV pour Charlotte de Montmorency,

le polyamour d'Adolphe Thiers,

l'amour caprice de Louis XIII et Marie de Hautefort,

l'amour brisé d'Henri III et de Marie de Clèves,

l'étrange amour de Philippe Auguste et Ingeburge de Danemark,

l'amour sans espoir de Claire de Duras pour Chateaubriand,

l'amour à mort d'Henri de Cheverny et Françoise Chabot,

l'amour à l'œil de Louis XIV,

les trois amours de Charles d'Orléans,

la folle passion de Bertrade pour Philippe Ier,

les quatre mois d'éternité de César Borgia et Charlotte d'Albret,

la folle tendresse d'Odinette pour son roi fou,

et tant d'autres...

l'amour pathétique,
l'amour bouleversant,
l'amour magnifique,
l'amour sans fin,
l'amour sans bornes,
l'amour féroce,
l'amour qui tue,
l'amour courtois,
l'amour fidèle,
l'amour d'enfer,
l'amour qui brûle…

Mais qu'est-ce donc que cet amour qui irrigue les jours, les nuits, depuis toujours, gouverne les rois, les reines, les pays, s'empare du monde à chaque seconde ? Mais qu'est-ce donc que cette folie ? Cette ivresse délicieuse, terrifiante, douloureuse, aux mains des seigneurs, des empereurs, des majestés, des souverains, des souveraines qui dessinent à leurs peuples un destin où s'égare leur détresse, où se noie leur raison dans quelque tourbillon de grâce, et les fumées de la beauté ?

Rien, ce n'est rien, l'amour, sinon cette flamme qui éblouit, qui brûle et rend aveugle, autant les rois que soi, et partout, et toujours, et plonge le monde dans la nuit, d'où jaillissent parfois des éclairs de mystère : la vie !

Jean-Joseph Julaud

Pourquoi ce livre ?

Parce que toujours, on étudie la politique d'un pays, son économie, ses ressources, ses guerres et ses conquêtes, et que jamais on ne se penche sur ce qui, souvent, a pu influencer tout cela.

Et quelle peut donc être, pour partie, la source de toutes ces directions prises vers l'inconnu, vers l'incertain par des ministres, des rois, des reines, des favorites, des beautés de passage, des passades de tel ou telle pris d'ennui sur son trône, de rêverie dans ses jours, dans ses nuits ?

Eh bien, sans contredit, la réponse à cette question rime avec toujours : c'est l'amour !

L'amour fou d'Henri IV qui décide d'envahir les Pays-Bas espagnols. Pour agrandir le territoire ? Point du tout : pour aller récupérer celle qui fait battre son cœur, la jeune Charlotte de Montmorency que lui a ravie le prince de Condé !

L'amour passion de Fersen pour Marie-Antoinette, qui conduit souverain et souveraine à Varenne-en-Argonne, et sonne à la fois l'arrêt de mort de la reine et l'avenir de la France.

L'amour béat d'Henri II pour la belle Diane de Poitiers qui torpille les tentatives de cohabitation entre catholiques et protestants.

L'amour en fraude de dame Basine pour le roi Childéric, donnant l'enfant magnifique dont le nom résonne dans la mémoire collective depuis quinze siècles : Clovis !

Et tant d'autres amours qui ont tracé des brouillons de voies possibles vers un destin qui, sans eux, eût été tout autre. Un destin qui, peut-être, nous eût privés de lire ceci, en ce moment, tant les hasards et les gens qui nous ont conduits à cette conscience unique de nous-mêmes se seraient ignorés, nous ignorant tout autant, nous oubliant dans le néant !

Les belles histoires d'amour aussi ont existé, dépourvues de tout intérêt, de toute visée politique, de toute soif de richesse. Celle d'Odinette de Champdivers par exemple pour son roi fou, celle d'Henri III et Marie de Clèves, celle de… finalement elles sont bien peu nombreuses !

Mais toutes ces aventures de cœur, quelles qu'elles soient, recèlent leur part d'émotion, de sensations inattendues, de rêve, de surprise, d'ivresse, de folie, et parfois de sagesse bien tempérée, comme un désir d'éternité, même celle d'Henri de Cheverny avant la surprise du page, même celle de Marguerite et Blanche avant le supplice des frères d'Aunay, même celle du général Boulanger…

Laissez-vous aller dans l'intimité des sommités amoureuses et passionnées, elles nous ressemblent, elles vous ressemblent tant par certains côtés que, peu ou prou, vous vous y reconnaîtrez !

Petite note de l'auteur

L'histoire de France n'est pas avare de surprises de toutes sortes. Parmi celles-ci, le lecteur de cet ouvrage sera sans doute surpris de la précocité de certains couples, de l'extrême jeunesse du conjoint, et plus souvent de la conjointe qui n'est encore qu'une adolescente. De plus, à ces usages pouvait s'ajouter le dévoiement de la séduction transformée en arme politique par des gens de pouvoir peu scrupuleux, peu soucieux de l'avis de toutes ces jeunes filles livrées sans qu'on leur ait demandé leur avis dans l'arène où se déroulent les jeux d'influence des puissants.

Tout a changé de nos jours et c'est fort heureux. Au fil de ces pages, on pourra donc mesurer, à l'aune de ce que nous vivons aujourd'hui, combien les mœurs ont évolué de façon positive, préservant de tous ces calculs coupables une jeunesse à laquelle est offerte l'acquisition d'un savoir, d'une culture capable de l'épanouir. Bien sûr, toutes les histoires d'amour présentes dans ce livre ne relèvent pas de ces brutalités du temps passé. Il en est de belles et douces, de turbulentes et magnifiques, il en est d'étranges, d'étonnantes, autant de départs vers ces « plaisirs d'amour » dont parle le poète Florian (1755-1794) !

Les tiroirs des siècles

Comment faire entrer dans votre mémoire ces histoires et le siècle, la date où elles se sont déroulées (si toutefois vous en avez le projet) ?

Considérez d'abord l'état de votre mémoire : elle se présente sans doute sous la forme d'un bloc où tout se trouve un peu désorienté, dates, événements – Marignan ne sait plus trop où elle est, ou si elle le sait, elle est bien seule dans le paysage !

Eh bien, pour rendre efficace et productive votre mémoire, vous devez la fractionner. Et de quelle façon ?

Considérez qu'elle devient un meuble à tiroirs, une sorte de commode où vous allez ranger vos dates, chaque tiroir représentant un siècle (plusieurs pour le Moyen Âge).

Voici la façade de votre commode, avec ses tiroirs des siècles :

De 476 à 1453 (ou 1492)
Exemples :
Clovis (466-511),
Du Guesclin (1320-1380)

De 1500 à 1600
Exemples :
mort de Diane de Poitiers (1566),
mort de César Borgia (1507)

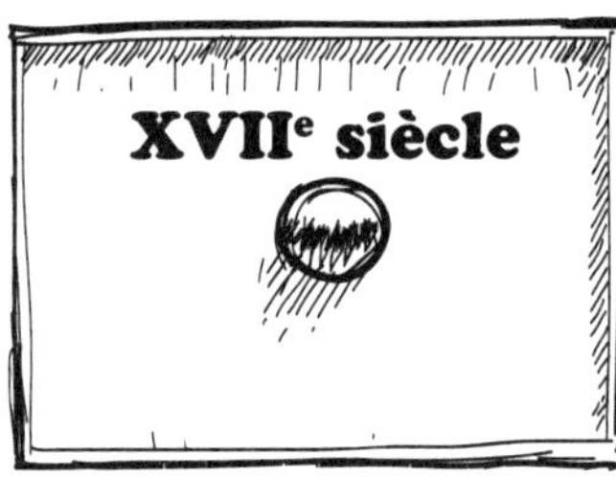

De 1600 à 1700
Exemples :
Henri IV et Charlotte (1609-1643), Louis XIV et Cateau (1653-1689)

De 1700 à 1800
Exemples :
Jeanne Du Barry (1743-1793),
Charlotte Corday (1768-1793)

De 1800 à 1900
Exemples :
mort de Marie Walewska (1817),
mort d'Adolphe Thiers (1877)

Trop difficile, le travail de mémoire en histoire ? Pas du tout, il suffit de trouver des trucs, des astuces. Par exemple, pour les dates, voici l'astuce de la série des 15 :

1015 : mort de Vladimir Ier

1115 : mort de Pierre l'Ermite

1215 : Philippe Auguste célèbre le premier anniversaire de la bataille de Bouvines

1315 : mort de Marguerite de Bourgogne, amante avec sa cousine Blanche des frères d'Aunay, exécutés en 1314

1415 : bataille d'Azincourt

1515 : bataille de Marignan

1615 : mariage de Louis XIII et d'Anne d'Autriche

1715 : mort de Louis XIV

1815 : bataille de Waterloo

1915 : première utilisation des gaz incapacitants (l'ypérite, ou gaz moutarde, en 1917)

2015 : attentats Charlie Hebdo, et Bataclan

Moyen Âge

1

L'incroyable histoire de Childéric et de dame Basine

(457-481)

Connaissez-vous l'incroyable histoire d'amour entre Childéric Ier, roi des Francs, et dame Basine, l'épouse de Basin, roi de Thuringe au centre de l'Allemagne ? La voici.

Tout commence en l'an 457, lorsque le grand, le magnifique Childéric à l'abondante chevelure blonde et bouclée monte sur le trône du royaume des Francs, autour de la ville de Tournai, aujourd'hui en Belgique. Childéric n'a pas 20 ans ! À l'âge de 13 ans déjà, Childéric s'est fait remarquer par sa bravoure à la bataille des champs Catalauniques, dans les environs de la ville de Troyes. Les Huns commandés par le terrible Attila menaçaient cette cité. Childéric les a repoussés, Hun par Hun, admiré par son père Mérovée qui lui lègue donc son trône et son royaume en 457.

On croit savoir qu'aux nobles qui lui proposent de partager le pouvoir, Childéric répond : « Non ! » Même réponse à sa famille qui voudrait une part du gâteau : « Non ! »

Aussi, la révolte gronde, et Childéric doit faire ses bagages en hâte, car les nobles se sont associés à sa famille et veulent l'assassiner ! Il lui faut fuir jusqu'en Thuringe (aux environs d'Erfurt, en Allemagne).

En réalité, le refus du partage du pouvoir n'est pas la seule raison du départ de Childéric. On sait que son penchant excessif pour le sexe féminin lui faisait considérer d'emblée comme sa propriété les femmes ou les filles de ses sujets, qu'il enlevait à tour de bras et, forcément, violait sans scrupules ! Cette pratique insupportable et impardonnable conduit les maris et les pères des victimes à fomenter un assassinat. Mais avant de passer à l'action, tous en chœur lui crient : « Dehors ! »

Voilà donc le roi déchu qui est reçu à bras ouverts par son homologue thuringien, le roi Basin. Basin vit à sa cour avec la reine son épouse, nommée Basine. Tout simplement.

On accueille donc Childéric. On le console. On le plaint. On peut imaginer davantage : Basin, un matin, part à la chasse. Childéric dort encore. Basine, seule, décide de mettre du baume au cœur de celui qu'elle trouve beau comme Basin, et même beaucoup plus si affinités… Elle le console à sa façon, le cajole. Au point que, lorsque Childéric est rappelé dans son royaume de Tournai en 461 – car les affaires vont très mal là-bas –, dame Basine, forcément demeurée en Thuringe auprès de son époux, ne dort plus, ne mange plus, ne boit plus, ne fait plus rien qui vaille.

Quelques jours plus tard, elle se décide à partir pour Tournai. Elle fait ses bagages en cachette, et la voilà qui trottine sur les routes de Thuringe. Objectif Tournai ! Ainsi voit-on arriver au palais de Childéric cette femme qui va tout droit vers le roi Childéric et lui dit : « Je suis venue à toi parce que ton mérite est grand. Je veux habiter avec toi pour toujours. Si je t'avais connu au-delà des mers, les mers ne m'auraient pas arrêtée pour aller jusqu'à toi. » Ah, la belle amour ! Childéric, sans penser davantage aux bontés de Basin pendant son exil, épouse la belle Basine qui, trois ans plus tard, donne naissance à un fils. Et quel fils : Clovis !

2

Charlemagne, les amours de l'empereur au grand nez

(747-814)

Charlemagne, on le sait maintenant, n'a pas inventé l'école, il n'avait pas la barbe fleurie ; en revanche, on en est sûr, car c'est son biographe d'époque qui nous l'apprend : il avait un très long nez ! Et posséder un long nez dans la croyance populaire, c'est aussi posséder savoir-faire, endurance et vertu prolifique, c'est-à-dire être capable de s'assurer avec une enviable facilité une nombreuse et vigoureuse descendance.

Examinons si cela fut le cas pour notre Charlemagne impérial. Et pour ce faire, suivons-le sur le chemin de ses amours successives.

Il y eut d'abord Himiltrude, une jeune fille de petite noblesse, d'une beauté à couper le souffle, épousée par amour, et qui donne à son Charlemagne, en 768, un fils : Pépin le Bossu. (Révélons immédiatement que ce fils bossu, écarté du pouvoir en 792, se laisse convaincre par des nobles comploteurs d'assassiner son père ! Mais le complot est découvert par un serviteur fidèle qui s'empresse d'aller avertir Charlemagne, lequel, nous révèle le serviteur, se trouvait alors très occupé en compagnie d'une bonne douzaine de jeunes femmes nageant toutes nues dans sa piscine et dans la volupté. Les nobles furent condamnés à mort et Pépin le Bossu, gracié, devint moine.)

En 770, la mère de Charlemagne, Berthe au grand pied – on ne sait si elle avait vraiment un grand pied, ou bien si c'est une métaphore liée au plaisir –, donc, la reine Berthe conseille à son fils de répudier Himiltrude et de prendre une femme digne de son rang royal.

Le choix s'arrête sur Désirée la Lombarde, fille du roi des Lombards au nord de l'Italie. Berthe va la chercher à Pavie, et, dès que Charlemagne l'aperçoit, il comprend que la réputation de l'appendice nasal a ses limites : Désirée est laide, vraiment laide, de sorte qu'elle est bientôt répudiée pour laisser la place à Hildegarde.

Hildegarde ! Née vers 758, elle est d'une grande beauté. Elle est mariée très jeune à Charlemagne, en 771, et un an plus tard elle donne naissance à Charles le Jeune, puis, au fil des années, à Bertha, Adélaïs,

Lothaire, Gisèle… au total, neuf enfants, avant de mourir à 25 ans !

Parmi ceux-ci se trouve le successeur de Charlemagne, Louis le Pieux, ainsi nommé parce qu'il était d'une grande piété, s'agenouillant partout dans les églises, et non parce qu'il semblait toujours un peu endormi.

À la mort d'Hildegarde, Charlemagne sombre dans le désespoir, mais continue à nager dans son immense piscine où il aime être entouré de ses nombreux enfants, de ses nobles, de leur famille, et de douzaines d'accortes nageuses.

Ainsi entouré, il sent que son chagrin se dissout, et décide de se remarier avec une jeune aristocrate de 18 ans, Fastrade. Elle possède un caractère difficile, elle est même cruelle. Deux filles naissent de cette union fort peu distrayante.

Fastrade disparue en 794, Charles se remarie avec Liutgarde, née vers 776, calme, cultivée, coquette et élégante, qui lui donne, avant de mourir en 800, une fille : Emma.

Fini les mariages : Charlemagne décide de ne prendre que des concubines. Il y aura Madelgarde, Gervinde, Régine, Adelinde, qui lui donneront encore sept enfants, sans compter les autres, semés çà et là au fil de ses campagnes militaires. De sorte qu'aujourd'hui, la descendance de l'empereur au grand nez se compte par dizaines de millions. Peut-être vous qui lisez en faites-vous partie ! Comment le savoir ? Un indice : observez-vous de profil dans un miroir, en commençant par le nez…

3

Robert d'Arbrissel et les amours d'Ermengarde d'Anjou

(1050-1119)

Qu'est-ce que le syneisaktisme ? C'est un terme compliqué qui désigne une pratique étonnante : il s'agit de s'astreindre à une abstinence sexuelle complète, même entouré la nuit par une dizaine de jeunes femmes nues, les plus belles qui soient.

Cette forme d'ascétisme du corps fut pratiquée par Robert d'Arbrissel, un ermite et moine breton né vers 1050. Il prêchait à la foule de ses fidèles nomades parcourant bois et forêts le dépouillement total, de sorte qu'en réalité il dormait entouré par plusieurs dizaines de jeunes femmes en tenue d'Ève, potentiellement offertes à ses désirs.

À la question qu'on lui posa à la fin de sa vie : « Avez-vous pu résister à la tentation de la chair ? », il répondit : « Autant que faire se peut ! »

Il avait fondé en 1101 une abbaye en Anjou, afin de mettre à l'abri, et de rhabiller, ses adeptes. Et cette abbaye occupait un site entourant une fontaine ayant servi de repaire à un brigand local, nommé Evrault. Le lieu, connu alors sous le nom de Fontaine Evrault, était devenu Fontevrault (orthographié aujourd'hui Fontevraud).

Robert avait séparé, dès leur arrivée, les hommes et les femmes, les premiers construisant des huttes pour s'abriter, les secondes étant logées dans des bâtiments hâtivement élevés en pierre afin de les protéger de toutes sortes d'attaques, les autorités religieuses jugeant que ces pérégrinations prenaient de plus en plus l'allure d'une débauche sexuelle itinérante !

Et qui donc Robert avait-il choisi pour diriger ce petit monde assagi ? Une femme ! Une abbesse ! Et les hommes filaient doux devant cette mère supérieure qui avait décidé, par exemple, de doter d'une mesure de vin les femmes destinées à la vie contemplative pendant que les hommes occupés au labeur des champs se contenteraient d'une demie seulement.

La réputation de Fontevraud avait vite dépassé les frontières de l'Anjou, parvenant aux oreilles de toutes ces femmes de pouvoir, malheureuses d'avoir été mariées contre leur gré à des hommes grossiers et brutaux.

C'est ainsi qu'un jour de 1106 arriva en pleurs à l'entrée de l'abbaye une jeune femme d'une grande beauté. Née en 1070, elle s'appelait Ermengarde d'Anjou, fille de Foulques le Réchin, c'est-à-dire le coléreux. Élevée à la cour d'Angers parmi les savants et les poètes, elle avait été mariée de force, sans amour, à Guillaume IX d'Aquitaine, vulgaire et brutal, qui l'avait répudiée.

Puis un fort bel homme, duc de Bretagne, Alain Fergent, c'est-à-dire le grand, le brave, était devenu son second mari en 1092. Deux fils et une fille plus tard, il était parti en croisade en 1096. Ermengarde avait gouverné avec sagesse et fermeté en son absence qui dura jusqu'en 1101. De retour, Alain, ravi de l'ordre qui régnait en son duché, en reprit les rênes.

Régulièrement, il devait affronter, dans l'intimité et en public, la fille du Réchin, Ermengarde, aux humeurs tantôt orageuses, tantôt ténébreuses, qui réclamait sa part de pouvoir dans cette Bretagne si déshéritée, si rude par rapport à la douceur de l'Anjou. Est-ce tout cela qui avait conduit Ermengarde aux portes de Fontevraud ? Peut-être.

Ce jour de 1106, Robert d'Arbrissel accueille Ermengarde qui veut divorcer pour consanguinité et se retrouver libre, sans homme qui la commande et la gouverne. Il la console mais désapprouve sa fuite, le mariage étant sacré sans doute, mais surtout garant de la paix politique.

Bientôt, le galop des chevaux d'Alain Fergent se fait entendre. Le duc encercle Fontevraud, exige qu'Ermengarde reparte avec lui, ce qu'elle fait, la mort dans l'âme, et la colère dans le cœur contre Alain et Robert.

Les années passent. Ermengarde, toujours tourmentée, fonde des monastères, secourt les pauvres, retourne à Fontevraud, en repart en 1117... Alain tombe gravement malade, se retire à l'abbaye Saint-Sauveur de Redon où il meurt en 1119. Ermengarde voyage en Palestine, revient en France, puis on perd sa trace.

Est-elle enterrée à Redon près d'Alain Fergent ? Peut-être. À Jérusalem selon certains ? Qui sait ! Est-elle libre enfin ? Sûrement puisque, libre de toute sépulture, elle continue ses aventures dans la mémoire de l'histoire.

4

Au XIIe siècle, on invente l'amour courtois

Plongeons de nouveau dans la fontaine Evrault où nous attendent Ermengarde et ses amours, sous un autre jour, et surtout, un fameux duc d'Aquitaine.

Quel est donc l'idéal amoureux, comment définir la courtoisie toute nouvelle sur le marché du sentiment, au XIIe siècle ? Il s'agit tout simplement de tuer le rustre et la brute en l'homme, de le rendre sensible et tendre, raffiné dans l'art de la conversation, bref d'en faire un être parfait qui n'a qu'un souci : célébrer la beauté, les grâces et l'esprit de la femme de ses pensées. C'est ainsi que se met peu à peu en place l'amour courtois, autrement appelé la *fin'amor*. Quel programme ! Un gros dur, Guillaume IX, va être le premier à l'appliquer…

Quel homme, ce Guillaume IX, duc d'Aquitaine ! Un géant blond à la tête de soleil, et les braises de l'enfer dans les yeux. Une voix si puissante qu'elle fait trembler les murs, le pape et le roi !

Guillaume IX, un chouchou de la nature avec son piège à filles, son piège tabou qui les fait instantanément tomber à ses genoux, dans son escarcelle à pucelles délurées ! Oui mais… Cette furieuse inclination vers le beau sexe n'est pas du goût de toutes les femmes qui préfèrent une approche par le rêve, par la douceur, une conquête par le cœur.

Guillaume se moque bien de tout cela. Homme de toutes les envolées, poète, il vous trousse en quelques coups de plumes d'oie une petite pièce de ces vers dont il a le secret, gaillards et très crus !

Guillaume le flamboyant, le roi de la fête, part en croisade avec trente mille hommes en 1101. Un an plus tard, à Héraclée, en Turquie, il subit une telle râclée qu'il en revient quasi seul. Il rentre en France, l'oreille basse.

Il galope vers son château de Poitiers, vers sa femme Ermengarde… Mais si le château est toujours là, Ermengarde est partie ! Lassée de ce rustre vantard, elle s'est jointe à la première femme de Guillaume, Philippa, et toutes les deux ont trottiné vers Fontevraud, que nous évoquions déjà au chapitre précédent. Cette abbaye est dirigée par une abbesse à laquelle tous les hommes là-bas sont soumis, respectueux, obéissants, doux comme des moutons !

Déconfit, piteux, tout penaud, Guillaume devient alors « el desdichado », le malheureux, l'infortuné. Il a le cœur chagrin, et lorsqu'il apprend où se sont réfugiées Ermengarde et Philippa, il n'a plus qu'une idée : découvrir, plume à la main, tous les chemins du cœur.

Guillaume le rustre aux écrits hardis devient Guillaume le délicat. Il se met à écrire des poèmes où la femme aimée n'accepte que les purs hommages de son chevalier, de son amoureux qui peut soupirer sa vie entière sans récompense !

Guillaume IX devient le premier troubadour de l'histoire, le premier chanteur de la douceur d'aimer, promoteur d'une forme d'amour inédite : partant de la certitude que le sentiment amoureux s'éteint dès qu'il est satisfait, Guillaume propose de n'aimer que des femmes inaccessibles, ou interdites – celle du seigneur voisin par exemple, à condition qu'il ne soit pas au courant… Ainsi, l'expression de l'amour passe par celle de l'intensité d'un désir qui ne sera peut-être jamais assouvi.

Du statut de dominant, l'homme intègre celui de dominé, et cette domination féminine peut même se prolonger dans le couple lorsqu'il s'est formé. L'amour courtois ! Voilà le programme que, depuis plus de neuf cents ans, les troubadours de tous les temps essaient d'installer dans le cerveau des hommes.

Qui donc pourrait réussir ce pari aujourd'hui ? Un nouveau Guillaume peut-être ? Oui, un Guillaume neuf, tout neuf !

5

Philippe Ier et Bertrade de Montfort : l'amour passion

(1092-1117)

1092, le joli mois de mai parfume la campagne de Tours, les exhalaisons végétales et florales, le pétrichor des soirs de pluie, tout cela s'insinue dans le château, exacerbe les sens, pousse à la rêverie, et pour tout dire, incite à toutes les folies promises par l'amour. Le soleil vient de se coucher.

Tout à coup, enveloppée dans une longue cape sombre qui glisse contre la muraille, une jeune femme pénétrée d'exhalaisons végétales et florales, ivre de sa propre rêverie et de son audace, autrement dit, amoureuse, quitte le château massif. Un cavalier l'attend, la prend en croupe, et file au triple galop vers un autre château, près d'Orléans.

Descendue de la monture, elle va, court, vole vers celui qui l'attend et referme sur elle ses bras, puis ferme la porte de la chambre. Cela nous laisse le temps de dévoiler l'identité de ces deux clandestins de la passion.

Ce ne sont ni plus ni moins que le roi de France Philippe Ier qui vient de répudier sa première épouse, et Bertrade de Monfort qui, elle, vient de quitter son mari ronchon Foulques le Réchin, comte d'Anjou, qu'elle avait épousé à 19 ans !

Et pourquoi donc Bertrade, qui a atteint 22 ans, a-t-elle fui le ronchon Réchin ? Eh bien, en février 1092, le roi Philippe, invité par le ronchon Foulques, est venu à Tours pour des motifs politiques : ils doivent faire face aux ambitions du fameux roi d'Angleterre, duc de Normandie, Guillaume le Conquérant. Philippe, c'est l'antithèse de Foulques : lorsque celui-ci fait le grincheux, celui-là rit aux éclats ; lorsque celui-ci fait le pingre en toute occasion, celui-là joue les voluptueux.

Il n'en faut pas davantage pour que Bertrade en conclue qu'un roi est quand même beaucoup plus prometteur pour son avenir qu'un petit comte ! Revenons à Orléans. La porte de la chambre s'est rouverte et les amoureux ont dû faire face à leur destin : qui va les marier, eux qui sont en état de péché ?

Un évêque s'y risque, mais l'Église se déchaîne, le ronchon aussi. Le pape s'en mêle et excommunie les amoureux. Catastrophe ! Les cloches ne sonneront plus dans le royaume, les sacrements vont devenir invalides ! La mort dans l'âme et dans le corps, les deux amants se séparent.

Le pape pardonne tout. L'ivresse dans le corps et l'âme, les deux amants recommencent. Le pape entre dans un courroux qui va durer sept ans, sept années sans cloches sur les quarante-huit que dure le règne de Philippe Ier ! En 1106, le roi, Bertrade et le pape, fatigués de la situation, adoptent un accord dont l'article principal précise que, bien sûr, les deux amants sont mari et femme, mais qu'ils doivent s'abstenir de relations charnelles.

Étonnamment, le couple cette fois signe et respecte cette décision. Partout, les cloches sonnent, les conflits s'apaisent, et, dans la ville d'Angers, le 6 octobre 1106, on assiste à un incroyable spectacle : Foulques le Réchin, accompagné de sa cinquième épouse, vient au-devant de ses deux invités. Et qui sont-ils, ces deux invités ? Le roi de France Philippe Ier et la reine Bertrade ! Le ronchon Réchin a tout pardonné.

Un chroniqueur de l'époque raconte que Philippe et Foulques rivalisent d'attentions autour de Bertrade ; l'un et l'autre ne savent pas quoi faire pour lui plaire, alors qu'elle apparaît comme une femme de tête, à la volonté de fer, et va, dans les années qui suivent, opérer de tels jeux d'alliances, pratiquer de telles fourberies, qu'on peut lui décerner la palme de l'habileté politique.

Philippe Ier meurt en 1108. Louis VI, le fils qu'il avait eu avec sa première épouse, Berthe de Hollande, lui succède et manifeste beaucoup d'indulgence pour sa belle-mère qui ne cesse d'ourdir de petits complots contre le pouvoir. En 1115, apaisée par les bonnes paroles de Robert d'Arbrissel, fondateur de Fontevraud, elle se retire à l'abbaye de Hautes-Bruyères près de Chartres.

En 1117, son corps et son cœur mêlés aux exhalaisons végétales et florales effacent sa trace terrestre. Il nous reste, pour toujours, sa rêverie, son audace et ses folies d'amour.

6

Abélard, Héloïse et l'inusité (1115-1164)

Héloïse ! Née vers 1092, elle est très belle, elle connaît le latin, le grec, l'hébreu, c'est une sorte de surdouée qui, de plus, appartient à une excellente famille fortunée : les Montmorency. Nous sommes à Paris en l'an 1115, dans la maison du chanoine Fulbert, son oncle. Elle vient de quitter le couvent d'Argenteuil pour habiter chez lui dans l'île de la Cité, et y poursuivre ses études.

Un soir, on frappe à la porte : c'est le célèbre professeur de théologie Pierre Abélard, adulé par toutes les Parisiennes. C'est une sorte de chevalier de l'esprit, au corps idéal. Séduisant sûrement, séducteur peut-être, il vient demander au chanoine Fulbert de l'accueillir sous son toit parce que, dit-il, il réside trop loin du lieu où il dispense son enseignement – en réalité, il est déjà séduit par la beauté éblouissante et par le savoir d'Héloïse qu'il a remarquée parmi ses élèves.

Amoureux fous l'un de l'autre, Héloïse et Abélard pratiquent au-delà du raisonnable les conséquences physiques de leur attrait mutuel. Et ils ont de l'imagination, c'est Abélard lui-même qui révèle et déclare dans ses Mémoires : « Si l'amour pouvait ajouter quoi que ce soit d'inusité, dans la recherche des plaisirs de la chair, nous l'ajoutions. » Mais bientôt Fulbert les surprend dans l'inusité des plaisirs de la chair… Il chasse l'amant à grand fracas. Héloïse est enceinte ! Abélard l'enlève alors et l'emmène en Bretagne, près de Nantes, dans la petite ville du Pallet où il est né. Elle y accouche d'un fils puis rentre à Paris après avoir épousé secrètement Abélard.

Elle est alors nommée prieure du couvent d'Argenteuil – quoique mariée… Fulbert, parrain et tuteur d'Héloïse, n'accepte pas cette situation. Au comble de la fureur contre le couple passionné – car Abélard est venu retrouver secrètement son épouse dans son couvent –, il recrute des écorcheurs et les charge de châtrer l'amant, ce qu'ils réalisent en pleine nuit ! Le scandale est énorme ! Le roi Louis VI ordonne que la justice soit promptement rendue. Ce qui est fait : les deux châtreurs sont à leur tour châtrés, et, de plus, on leur crève les yeux. Fulbert qui, pourtant, est le donneur d'ordres ne subit que la privation de ses revenus.

Abélard et Héloïse n'en continuent pas moins de s'aimer – surtout Héloïse –, mais leur passion devient plus spirituelle. Abélard quitte Paris, mène une vie errante qui le conduit à Saint-Denis, puis en Bretagne, à Saint-Gildas-de-Rhuys, et enfin en Champagne où saint Bernard, régulièrement, lui reproche d'avoir enseigné des théories qui pouvaient mettre l'Église en péril, et menacer la foi.

Pour le punir, il l'oblige à vivre dans une vallée sauvage. C'est là, près de Nogent-sur-Seine, qu'il fonde l'abbaye du Paraclet, vouée à l'Esprit-Saint consolateur. Et qui donc en devient la première abbesse ? Héloïse, que son mari, dans leur correspondance, va élever vers la plus fine spiritualité !

Abélard meurt le 21 avril 1142, au prieuré de Saint-Marcel, près de Châlons-sur-Saône. Son corps, sans tarder, est transporté au Paraclet, chez Héloïse. Lorsqu'elle meurt en 1164, vingt-deux ans après son amant, sa dépouille rejoint celle d'Abélard. La légende rapporte que, lorsque Héloïse fut déposée dans le cercueil, le bras d'Abélard qui semblait l'attendre se referma doucement sur elle.

Aujourd'hui, les amants sont réunis pour toujours au cimetière du Père-Lachaise à Paris sous un monument néogothique portant en épitaphe : « tous les deux réunis jadis par l'étude, par l'esprit, par l'amour, par des nœuds infortunés et par le repentir ». Une épitaphe pour le moins inusitée !

7

Louis le gagne-petit et Aliénor la reine d'or

(1131-1154)

13 octobre 1131. Monté sur son cheval caparaçonné de bleu azur à liserés d'or, magnifique sous les yeux des vassaux du roi Louis VI le Gros son père, le prince Philippe de France, 15 ans, va rejoindre ses troupes dans le Vexin. Rue Saint-Germain, un cochon s'est jeté dans les pattes du cheval d'azur qui s'est cabré, a désarçonné le jeune prince dont la tête a heurté une grosse pierre. Le prince Philippe de France est mort !

Louis VI le Gros est fou de douleur. Mais on extrait bien vite du monastère où il est élevé son deuxième fils, Louis. Le voilà devenu Louis VII. Comment agrandir son royaume sans guerroyer ? Papa Louis VI a la réponse : on va le marier à l'héritière de l'Aquitaine, ce qui permet une très intéressante extension vers le sud-ouest !

Les noces princières ont lieu le 25 juillet 1137 à Bordeaux. Les mariés remontent vers Taillebourg où on leur annonce la mort du roi Louis VI qui était reparti à Paris.

Voilà donc notre roi Louis VII aux commandes du royaume ! Mais, le moins qu'on puisse dire, c'est qu'il en a si mal identifié les leviers qu'il va souvent les actionner au hasard, de façon maladroite, et cela conduit par exemple à la mort de près de mille cinq cents personnes, brûlées vives dans l'église de Vitry-en-Perthois, ville reprise au comte de Champagne. Cela conduit aussi à mille et un mauvais calculs, que ce soit dans les actions guerrières dans le royaume ou lors de la deuxième croisade, de 1146 à 1149. Les croisés, ou du moins ce qu'il en reste, en reviennent la tête basse sans avoir rien conquis.

Le spectacle de cet homme incompétent étonne, puis atterre Aliénor qui s'était efforcée de croire à une possible histoire d'amour avec lui.

Mais comment inscrire dans le jour et la nuit le partage de la tendresse, de la complicité, de l'affection avec un dévot qui fait se succéder chaque jour messe, méditation spirituelle, vêpres, complies, et qui se lève la nuit pour prier ?

« Je n'ai pas épousé un homme mais un moine ! » se désole Aliénor.

Point de naissance, évidemment... Si, une fille, après huit ans de mariage ! Il faut attendre six ans encore avant que ne vienne au monde... une autre fille ! Et toujours pas de garçon à l'horizon ! Plus tard, avec son deuxième mari, l'ardent Henri II Plantagenêt qu'elle épouse en 1152, c'est quasi un fils chaque année qu'elle mettra au monde.

Aliénor est bien davantage une femme de tête qu'une femme de chair. Elle accepte d'être répudiée par son Louis VII qui, pour avoir un héritier mâle, va attendre 1165, après deux nouveaux mariages. Entre-temps, le prolifique couple Aliénor et Henri II Plantagenêt a réuni en 1154 ses possessions, de sorte que, de la Normandie à la Gascogne, en passant par l'Auvergne et la Bretagne, sans compter l'Angleterre, tout leur appartient ! Alors, Louis VII, n'aviez-vous rien vu venir ? Heureusement que votre héritier mâle s'appelle Philippe Auguste et qu'il sauvera votre lambeau de royaume, avant d'en faire la France !

Et l'amour dans tout cela ? Les chroniqueurs et écrivains de tout temps ont fait d'Aliénor ce qu'elle n'était pas, et c'est le sort de toutes les femmes de pouvoir. Cependant, on peut ajouter que si, avec Louis VII, tout fut fade, avec le flamboyant Henri II, le parcours d'Aliénor fut passionnant ! Passionnel ? Bien sûr ! Surtout dans les romans...

8

L'étrange règne d'Ingeburge de Danemark

(1193-1236)

14 août 1193. La ville d'Amiens est en fête : le roi Philippe Auguste et sa suite sont arrivés la veille afin d'être prêts pour accueillir celle que déjà on décrit comme une fée nordique, une créature d'une beauté inouïe, gracieuse, au teint de lumière, à la chevelure de soleil, aux mains blanches comme neige : Ingeburge de Danemark, 18 ans ! Le roi, revenu de la troisième croisade en 1191, a appris la mort d'Isabelle de Hainaut, sa première femme, qui lui a donné un enfant maigrelet, mais qui deviendra quand même Louis VI le Gros.

Le veuf de 28 ans, consolé, a choisi de s'unir à la fille du roi du Danemark, évitant ainsi tout risque de consanguinité.

Il fait un grand soleil en ce 14 août 1193. Ingeburge et les dignitaires danois qui l'accompagnent semblent sortir d'un conte merveilleux. La future reine monte un cheval blanc. Philippe s'avance vers le cortège, en guerrier, la tête casquée, sur son cheval noir. Tout va pour le mieux sous le ciel bienveillant et franco-danois. Vite, on les marie. Vite, la nuit arrive, la nuit de noces. Et là, les ténèbres envahissent Amiens, le cerveau du roi et l'histoire de France ! Car le lendemain 15 août, jour du sacre, tous les témoins remarquent l'agitation du roi. Il tremble, sa pâleur est extrême. De plus, il refuse de toucher la reine !

Mais que s'est-il donc passé au cours de cette nuit sur laquelle jamais le jour de la vérité ne s'est levé ? En effet, Philippe s'est toujours refusé à révéler la cause de cette aversion pour la princesse danoise. On a imaginé mille causes : une rechute de maladie contractée à la croisade ? La Danoise l'aurait-elle ensorcelé au point de lui nouer les aiguillettes, façon imagée de décrire l'incapacité du roi à accomplir la chose ? Nul n'a pu répondre à ces questions, pas même Ingeburge qui ne comprend rien à ce qui se passe, s'effondre en pleurs lorsque le roi lui annonce qu'elle est renvoyée dans son pays !

Renvoyée ? Ah, mais non ! Ingeburge refuse, s'entête, se désespère, mais décide qu'elle ne quittera pas le sol du royaume dont elle est devenue reine. Ah bon ? s'écrie Philippe. Qu'on l'enferme ! Pendant sept ans, elle va se retrouver cloîtrée, de couvent en couvent, où elle passe ses journées en prière, soutenue à distance par le pape qui est outré de son sort ! Pendant ce temps, Philippe file le parfait amour avec Agnès de Méranie qu'il épouse. Oui mais, en 1200, le pape se fâche et ordonne au roi devenu bigame de retrouver sa monogamie avec Ingeburge, sinon c'est l'excommunication ! Non, répond Philippe ! Et le voilà excommunié, ainsi que tout le royaume, avec interdiction de faire sonner les cloches et de célébrer des offices !

Un an plus tard, le grand, le seul amour de Philippe, Agnès de Méranie, meurt en mettant au monde son troisième enfant. La situation va-t-elle se débloquer ? Certes non ! Le roi s'obstine, le pape aussi, jusqu'en 1213 où tous les deux, accablés de responsabilités engageant leur pouvoir, décident de siffler la fin du match France-Danemark !

Après vingt années de réclusion dans les couvents, Ingeburge trouvait enfin sa place près du roi, à l'âge de 38 ans. On sait qu'elle vécut à ses côtés de longues années de bel amour, s'émerveillant entre autres de ses qualités guerrières, et le félicitant de sa victoire à Bouvines en 1214 !

Philippe Auguste meurt en 1223, Ingeburge lui survit treize ans, jouissant de la fortune qu'il lui lègue et se répétant peut-être chaque jour, en incantation bienheureuse et réparatrice, ce tendre nom qu'il lui avait donné : « *carissima uxor* », « ma très chère épouse ».

9

Louis IX, dit Saint Louis, et Marguerite de Provence, l'amour fusion

(1234-1297)

« La voici ! Elle arrive ! Vite, vite ! Fuyez, Sire, quittez la chambre ! » Mais qui donc possède une autorité telle que sa seule présence fait trembler, par exemple, fils et belle-fille ardemment occupés par les exercices visant à reproduire leur lignée ? Sont-ils mariés ? Eh bien oui ! Et alors, pourquoi cette mère vient-elle interrompre leur partage charnel ?

Identifions d'abord les protagonistes de cette mise en scène : la terrifiante s'appelle Blanche de Castille, et ce n'est pas n'importe qui. Elle est reine de France depuis son mariage avec le roi Louis VIII, régente de France en 1226 après la mort de celui-ci, et mère du roi Louis IX, futur Saint Louis, son fils. De plus, Blanche est la petite-fille d'Aliénor d'Aquitaine, ce qui n'est pas rien !

Les terrifiés, quant à eux, se nomment Louis IX, roi de France, et Marguerite de Provence, son épouse. Curieux liens qui unissent ces trois personnages ! Certes, mais ils possèdent aussi en partage affection et respect.

Les jeunes Louis et Marguerite sont devenus mari et femme le 27 mai 1234, dans la cathédrale de Sens. Le lendemain, Marguerite était couronnée reine. Et la nuit de noces, on en parle ? Bien sûr : ce roi très pieux a décidé, sous la surveillance de sa mère, d'imiter les Écritures où le jeune prince Tobie passe trois nuits en prière avec sa femme Sara avant qu'ils unissent leurs chairs. Louis s'isole même pour accomplir ce rite sacré, et la quatrième nuit, c'est au grand galop qu'il accourt près de Marguerite frémissante de bonheur, au grand dam de Blanche qui suit tout cela de très près.

Leurs rencontres amoureuses vont donc être très surveillées. Ils décident même de s'éloigner de cette mère trop présente, s'en vont vivre à Pontoise où leurs chambres communiquent par un couloir secret. Mais les murs ont des oreilles, et Blanche les ayant suivis entend des bruits qui la font bondir jusqu'à la porte de la chambre qu'elle ouvre ! Quoi, le roi en plein jour mignote Marguerite, alors que la nuit seule y suffit.

Marguerite éclate en sanglots : « Ah ! ne me laissera-t-on voir mon seigneur ni en la vie ni en la mort ? » et elle s'évanouit.

Louis et Blanche la croient morte et ont bien du mal à la ramener à la conscience. Les jours, les ans s'en vont, marqués par une sage conduite de la politique et de la justice du royaume. Dans la mémoire collective, on parlera longtemps du siècle du bon roi Saint Louis – Saint Louis parce qu'il est canonisé en 1297, vingt-sept ans après sa mort lors de la huitième croisade, à Tunis.

Mais n'allons pas trop vite. Le 10 décembre 1244, Louis tombe malade, très malade, au point qu'on le croit mort. Faut-il y voir une punition céleste consécutive à des actions bien éloignées de la sainteté : le massacre des derniers cathares qu'il a ordonné ? Ou bien le bûcher sur lequel ont brûlé vingt-deux charrettes chargées du Talmud saisi aux Juifs qu'il a obligé à porter une rouelle jaune sur leurs vêtements ? On ne sait ! Le ciel, cependant, se manifeste à lui pendant qu'il est à demi mort, et lui enjoint de partir en croisade !

Désespoir absolu de Blanche ! Quoi, elle ne verra ni ne surveillera plus son fils ? Elle le supplie de rester près d'elle. Mais Louis tient bon et part avec Marguerite et des milliers de croisés pour Damiette, en Égypte, en 1248 – au moins, les incessantes dissensions entre la belle-mère et la belle-fille vont cesser !

Après un séjour en Palestine où il a été fait prisonnier quelques mois, le roi et sa suite reviennent en France en 1254. Blanche est morte en 1252. Louis et Marguerite poursuivent sa politique et ne cessent d'agrandir leur famille qui va compter onze enfants, dont Robert de Clermont, l'ancêtre des Bourbons parmi lesquels figurent le Vert-Galant Henri IV, le collectionneur de favorites Louis XIV, ou Louis XV, le bien-aimé de ces dames. On le sait depuis toujours en général, depuis Aliénor en particulier : bon sang ne saurait mentir !

10

La terrible histoire de Marguerite et Blanche

(1284-1324)

Sombre, austère, triste, tel est le portrait qu'on peut dresser du roi Philippe le Bel qui épousa à 16 ans, en août 1284, la toute jeune Jeanne Ire de Navarre en la cathédrale Notre-Dame de Paris ! Pourtant, il était magnifique ce jour-là, souriant, joyeux, beau comme un dieu, et Jeanne n'avait d'yeux que pour lui !

Cinq ans plus tard, à 16 ans, Jeanne met au monde le petit Louis X, puis en 1293, Philippe V, et en 1294, Charles IV. Ces trois garçons, futurs rois, grandissent en âge. En sagesse ? Non : Louis est querelleur, Philippe trop romantique et Charles psychorigide !

Philippe le Bel choisit des épouses pour ses trois garçons.

Louis X le Hutin, ou le querelleur, épousera en 1305 Marguerite de Bourgogne, jeune et jolie, enjouée, qui, venant de Bourgogne, égaie le sinistre et froid palais du Louvre.

Philippe V le romantique est uni en 1307 à Jeanne II de Bourgogne, cousine de Marguerite.

Charles IV épouse Blanche de Bourgogne en 1308, cousine aussi de Marguerite.

Tout irait donc pour le mieux dans la meilleure des France possible ? Non : en 1305, l'épouse de Philippe le Bel, Jeanne Ire de Navarre, est morte, peut-être assassinée !

C'est à partir de cette année-là que le roi Philippe est devenu sombre, austère, triste...

Ce n'est pas le cas de ses trois belles-filles ! Elles virevoltent, tourbillonnent dans le plaisir de fêtes incessantes à la cour, fêtes auxquelles ne participent guère Louis X le querelleur et Charles le psychorigide ! Seul Philippe V, très amoureux de sa Jeanne de Bourgogne, accepte ces fréquents divertissements !

Plaisirs de la danse, de la bonne chère – c'est-à-dire des joyeux festins – certes, mais la chair elle-même – celle du corps et du désir – est-elle aussi à la fête pour les sensuelles Marguerite et Blanche ? Eh non ! Elles prennent alors pour amants, sous l'œil complice et protecteur de Jeanne, les fringants chevaliers Philippe et Gauthier d'Aunay. Les galants rendez-vous ont lieu en secret, dans la tour de Nesle qui s'élevait où se trouve aujourd'hui l'Académie française.

Mais bientôt le bruit se répand : Louis X et Charles IV portent les cornes du déshonneur ! C'est Isabelle, leur sœur, mariée au roi d'Angleterre, qui en avertit le sombre Philippe le Bel.

La réaction du roi est terrifiante : Gauthier et Philippe d'Aunay sont arrêtés ; ils avouent tout sous la torture. Le 13 avril 1314, ils sont exécutés devant une foule immense, sous les yeux de leurs maîtresses : leurs membres sont brisés sur la roue, puis ils sont écorchés vifs, émasculés, enduits de plomb fondu, attachés à la queue de chevaux lancés au galop... Enfin, ils sont décapités.

Marguerite et Blanche sont tondues. Habillées de toiles rudes, elles sont condamnées à l'incarcération perpétuelle dans les cachots sales et humides de Château-Gaillard en Normandie. Leurs cellules sont sans meubles, sans feu, sans linge de rechange. Leur nourriture ? Du pain sec et de l'eau !

Marguerite y meurt quelques mois plus tard. Elle n'a que 25 ans. Comment ? On dit qu'elle aurait perdu la vie, écrasée entre deux matelas, sur l'ordre de Louis X le querelleur, désireux d'étouffer l'affaire.

Blanche meurt en 1324, dans sa trentième année, à l'abbaye de Maubuisson où elle avait été transférée.

Et Jeanne ? L'amour de son romantique Philippe V ne lui a pas évité la mise sous surveillance dans la forteresse de Dourdan, mais elle en est sortie innocentée et libre. En 1316, à la mort de Louis X, son mari Philippe V devient roi de France. Elle est couronnée à ses côtés à Reims en 1317.

Nous avons tous oublié Marguerite et ses amours, les frères d'Aunay et leur supplice, Jeanne et son Philippe. Seule l'image de Blanche demeure dans la *Ballade des dames du temps jadis*, écrite plus de cent ans plus tard, par le poète François Villon. Elle s'y promène, lumineuse, émouvante, au cœur d'une strophe, une chanson aux lèvres :

La reine Blanche comme un lys
Qui chantait à voix de sirène,
Où est-elle, vierge souveraine ?
Mais où sont les neiges d'antan ?

11

Bertrand Du Guesclin et Tiphaine Raguenel, la bête et la belle

(1320-1380)

« Il était camus, noir, malotru, déplaisant. / D'où son père et sa mère le haïssaient tant / Qu'en leur cœur ils se prirent à désirer souvent / Qu'il fût mort ou noyé en quelque eau d'un courant ! » Eh bien, Johannes Cuvelier, chroniqueur à la cour de Charles V vers 1380, qui donc est cet être repoussant et qui sont ses parents aux pensées criminelles ?

Avant de révéler son nom, complétons son portrait en y ajoutant les traits relevés par Paul Hay du Chastelet : « Le visage en était désagréable, le teint enfumé, les sourcils épais, les yeux exorbités, la tête menue, les cheveux noirs et rudes, la taille médiocre, enfin le corps tout chargé de poils. »

Ne nous étonnons pas, après cette description, d'apprendre qu'il s'agit là de Bertrand Du Guesclin à la laideur légendaire, né près de Dinan en 1320. À sa vue, tout soldat de ce temps ne pouvait qu'obéir, et tout ennemi frémir !

Ne soyons pas surpris non plus qu'après avoir remporté de nombreuses batailles en pleine guerre de Cent Ans, après avoir délivré la France des grandes compagnies de mercenaires qui ravageaient les campagnes en les conduisant en Castille, il devienne le bras droit du roi Charles V qui est paralysé... du bras droit ! Mieux encore, en 1370 Du Guesclin est nommé chef de toutes les armées de France, c'est-à-dire connétable de France !

Mais revenons au début de son histoire. À 6 ans, caché dans un coin sombre par sa mère Jeanne Malemains, il entre dans une colère telle qu'il renverse l'énorme table familiale de laquelle il est exclu, et réclame sa place d'aîné.

À 16 ans, il s'enfuit chez son oncle à Rennes. Un grand tournoi de prestige y est organisé. Il emprunte une monture si pauvrement harnachée que toute l'assistance se moque de lui ! Mais dès le premier engagement, il est vainqueur de son adversaire qu'il désarçonne et dont il renverse le cheval. Deux fois, trois fois, dix fois consécutives, il est victorieux.

Il refuse une seule fois le combat : sous l'armure en face de lui, il a reconnu son père. Et ce père découvre tout à coup que le fils qu'il méprisait est en train de devenir, sous ses yeux, un héros ! Il le prend dans ses bras ; ce sera désormais son plus fidèle admirateur. Bertrand termine sous les ovations de la foule, acquérant son surnom de légende : « le Dogue noir de Brocéliande » !

Mais tout n'est pas que violences de combat chez Du Guesclin. Dans la poitrine de ce héros précoce bat un cœur qui prend le rythme de la chamade dès que son propriétaire découvre l'étrange beauté de celle qu'on surnomme « la Fée » tant à son clair visage, son haut lignage, sa sagesse, sa beauté s'ajoutent mille qualités dont la plus étonnante procède de la divination.

En effet, ses visions sont surprenantes de justesse, ses prédictions se révèlent exactes, son intelligence extraordinaire séduit tous ses contemporains. Alors, comment expliquer que Bertrand, l'homme le plus laid qui fût, séduisit et épousa Tiphaine en 1363 ? La réponse tient sans doute à cette anecdote : Bertrand, peut-être fatigué de guerroyer et d'estourbir, se serait laissé aller à la douceur de la lune de miel. « Comment, que diable faites-vous là, Bertrand ? Vous oubliez votre devoir de gloire ? »

Ce n'est ni plus ni moins que son épouse, la Fée, la belle Tiphaine qui s'adresse ainsi à son mari tout neuf ! Et elle le somme de partir retrouver ses armes et ses armées. Tiphaine aime le prestige de son homme, son aura, son destin dont elle devine qu'il est en train d'entrer dans l'histoire !

Bertrand ainsi morigéné, rappelé à son devoir, repart sur les routes de France, sur celle notamment qui le fait atterrir dans cette page, plus de six cents ans plus tard.

Tiphaine avait raison. Bertrand est devenu un grand nom de l'histoire. Retirée au Mont-Saint-Michel, elle quitte la vie sans avoir revu son bien-aimé et bien sermonné, en 1373. Sept ans plus tard, Bertrand meurt. D'héroïque façon ? Point du tout, d'une dysenterie ! Tiphaine la Fée l'eût-elle guéri ? Qui sait ! À moins que son âme, heureuse d'accueillir dans les cieux son mari, ait accéléré la maladie et que depuis, tous deux, dans le silence des espaces infinis, vivent pour l'éternité, ravis !

12

La douce et folle romance de Charles VI et Odinette

(1385-1424)

« Deux malades d'amour ! » Le 17 juillet 1385, dans la cathédrale d'Amiens, en présence chamarrée de ducs et duchesses, chevaliers, princes et princesses, Charles VI, 16 ans, épouse Isabeau de Bavière, 14 ans. Ainsi est respecté le vœu du roi Charles V mort en 1380 : marier son fils à une princesse allemande.

C'est le frère de Charles V, Philippe de Bourgogne, qui s'est chargé de l'affaire. Mais il a été pris de court : dès que le jeune Charles a vu Isabeau, le 14 juillet à Amiens, il a exigé de l'épouser sur-le-champ tant elle lui plaisait. Et trois jours plus tard, il a bien fallu se soumettre au désir royal ! « Deux malades ! » grommelle de nouveau Philippe de Bourgogne. Un seul plus sûrement : Charles VI ! On ne sait pas si Isabeau a vraiment partagé cette surexcitation amoureuse et maladive.

Sept années plus tard, l'incroyable, l'impensable surgit dans l'histoire : le 5 août 1392, en traversant une forêt à la tête de ses troupes près du Mans, Charles VI perd la raison, se retourne contre ses hommes, lance contre eux son cheval au triple galop et en tue quatre ! Stupeur à la cour et dans tout le royaume : le roi est fou !

On dit alors que Dieu a abandonné la France. On dit aujourd'hui que Charles souffrait de schizophrénie paranoïde. Au fil des années, les crises se multiplient : Charles court pendant des heures dans les couloirs en criant qu'il s'appelle George. On doit murer les portes tant on craint pour sa vie s'il s'enfuit par les rues. Plus encore : il refuse de se laver, de se faire couper les cheveux, les ongles, il assure qu'il est de verre et qu'il faut mettre des attelles à ses membres afin qu'ils ne se brisent s'il tombe !

Une dizaine de charlatans se relaient auprès du malade. Le plus astucieux jure détenir une formule magique qui va rendre la raison au roi. La cour se réunit en présence du souverain en pleine crise ; le charlatan, ayant empoché une somme astronomique, prononce sa formule. Le roi est toujours aussi fou. Le charlatan s'enfuit alors à toutes jambes après avoir donné cette explication : « J'ai dit que le roi allait être guéri, mais je n'ai pas dit quand. »

Il faudrait donc un miracle ! Et ce miracle a lieu en 1407. Isabeau, épuisée par douze maternités, accepte que soit engagée une jeune fille qui devra entrer dans l'intimité du roi pour tenter de le ramener à la raison.

Ainsi, Odinette de Champdivers, fille d'un proche du duc de Bourgogne, apparaît à la cour. Son allure à la fois douce et élégante, ses cheveux d'or, son esprit, son regard séduisent le roi dès le premier jour. La folie de Charles VI ne va pas disparaître, mais chaque fois qu'elle s'emballe, qu'elle dérive vers d'effrayantes hallucinations, Odinette se dresse en rempart, enveloppe de sa tranquille autorité son roi qui s'apaise soudain, accepte tout ce qu'elle lui demande ou ordonne.

Elle le cajole comme un enfant. « C'était grande pitié de la maladie du roy, laquelle lui tenait longuement », écrit le chroniqueur du temps Juvénal des Ursins. Un an après leur rencontre est née leur fille Marguerite. Odinette invente mille et une distractions – le jeu de cartes par exemple – pour cet imprévisible et pathétique souverain dont elle est sincèrement amoureuse.

Il faut dire qu'il est bel homme : une haute taille, une prestance de majesté, un regard vif. Christine de Pizan, poétesse, écrit : « Il était souverainement beau de corps et de visage. » Quinze années passent, rythmées par la folie de Charles qui va de rechute en rémission. L'étrange et inséparable couple tient bon, jusqu'au 21 octobre 1422.

Pour ce jour-là, Juvénal des Ursins écrit : « Le très noble prince Charles, roi de France, sixième de ce nom, qui régna 42 ans, alla de vie en trépassement en l'hôtel de Saint-Pol à Paris, où il était né. »

Qu'advint-il alors d'Odinette ? Accusée de collusion avec le parti ennemi des Bourguignons, elle fut arrêtée. Elle vécut dans le dénuement, et disparut en 1424, nous offrant, sur le lit de sa misère, un mythe flamboyant : la bouleversante rencontre entre l'amour et la folie !

13

Les trois amours de Charles d'Orléans (1406-1487)

Petit-fils de roi, prince en poésie, Charles d'Orléans est l'auteur de quatre cents rondeaux dont celui-ci qui chantonne encore dans quelques mémoires des temps où, à l'école, on le récitait devant toute la classe : « Le temps a laissié son manteau / De vent, de froidure et de pluye, / Et s'est vestu de brouderie, / De soleil luyant, cler et beau... »

Pauvre Charles d'Orléans : encore enfant, il est marié à 11 ans le 29 juin 1406 à Isabelle de France, sa cousine, fille du roi fou Charles VI ; Isabelle en larmes le jour de ses noces : elle ne s'est jamais remise de la mort du roi d'Angleterre, Richard II, qu'elle avait épousé à l'âge de 6 ans – il en avait 29. Isabelle avait accepté cette différence d'âge, certaine, disait-elle, de devenir une « grande dame ».

Ces deux êtres vivant en des lieux séparés et se retrouvant souvent pour de longues heures de bonheur respectueux. Mais la politique et ses cruautés en avaient décidé autrement : ce 29 juin, à 17 ans, on la mariait à un enfant au poil follet en présence de toute la cour à Compiègne. Poil follet peut-être mais vertu prolifique en parfait état de fonctionnement, car trois ans plus tard, le 13 septembre 1409, Isabelle donnait naissance à une fille, et mourait le jour même.

Pauvre, pauvre Charles d'Orléans, son père Louis est assassiné le 23 novembre 1407 au soir, par les sbires de son propre cousin, Jean sans Peur. Vengeance ! Valentine Visconti, épouse de Louis d'Orléans l'assassiné, demande à son fils Charles de punir l'assassin. Désespérée, seule, veuve de son Louis passionnément aimé, elle s'enferme dans le château de Blois, tend de noir sa chambre, y inscrit ces mots : « Rien ne m'est plus, plus ne m'est rien. » Elle meurt de chagrin le 4 décembre 1408.

Le 15 août 1410, à Riom, en Auvergne, Charles, 16 ans, exulte : il épouse celle dont il est tombé fou amoureux depuis quelques mois, sa cousine Bonne d'Armagnac, âgée de 15 ans, et qui pose sur son jeune mari le regard de la douceur, de la tendresse et de la passion. Le bonheur serait-il enfin au rendez-vous ? Pas vraiment : la guerre fait rage entre les partisans de Jean sans Peur, les Bourguignons, et ceux de feu Louis d'Orléans, les Armagnac.

Les Anglais en profitent pour écraser l'armée française à Azincourt le 25 octobre 1415. Charles d'Orléans retrouvé vivant parmi des centaines de cadavres est emmené en Angleterre où il va rester prisonnier pendant vingt-cinq ans ! Bonne d'Armagnac en meurt de chagrin.

Enfin libéré contre une énorme rançon, Charles rentre en France en 1440. Il a 49 ans. Il épouse la jeune Marie de Clèves, née en 1426 et dont le grand-père n'est autre que Jean sans Peur ! On a dit Marie légère, on a dit Marie frivole, trouvant son plaisir dans la compagnie de fringants palefreniers, tel Bayonne, ou de son maître d'hôtel, Rabodanges, bien plus que dans celle de son vieux mari grisonnant.

Ce sont fort probablement de fielleuses médisances qu'il est inutile de colporter encore aujourd'hui – trop tard, c'est fait –, de même que cette rumeur qui fut répandue, attribuant la paternité du fils de Charles et Marie, le futur roi Louis XII, à l'homme d'écurie ou bien au maître-queux. Quoi qu'il en soit, Charles et Marie vécurent un bonheur sans tache jusqu'à cette nuit du 4 janvier 1465 où Charles perd la vie à Amboise sur le chemin qui le reconduisait à Poitiers.

Marie lui survit jusqu'en 1487, consacrant son temps à ses passions majeures : entre autres, la cuisine et les longues promenades à cheval !

14

Charles VII et sa dame de Beauté

(1440-1450)

Pauvre, pauvre dauphin Charles VII ! Son père, Charles VI, est fou, et sa mère, Isabeau de Bavière, soumise aux Anglais qui ont pris le pouvoir sur une grande partie de la France ; de plus, elle a renié ce dauphin taciturne, elle l'a déclaré illégitime !

Que lui reste-t-il à ce pauvre Charles VII ? Rien ou presque ! Qui, mais qui donc pourrait remettre sur pied ce pauvre roi désargenté, époux d'une Marie d'Anjou effacée. Il y a eu Jeanne d'Arc bien sûr, cette jeune intrépide qui a libéré Orléans en 1429, puis conduit le roi à Reims pour qu'il y soit enfin sacré ! Mais Jeanne a fini sur le bûcher, abandonnée lâchement par ce roi veule et inconstant !

Derrière les grandes figures retenues par l'histoire, se cachent souvent des hommes à poigne, capables de diriger les affaires. C'est le cas de Pierre de Brézé, proche conseiller du roi ! À la fin des années 1430, une jeune fille, d'une beauté éblouissante, arrive à la cour. Charles VII, dès qu'il la voit, est tétanisé !

Pierre de Brézé n'est pas loin, il constate sans peine l'effet de sa protégée sur le souverain. Quel merveilleux levier de pouvoir elle pourrait devenir si elle tombait dans les bras de celui qui, dans les jours qui suivent, la courtise avec tant d'assiduité que bientôt, on la voit parée de bijoux, vêtue de luxueuses étoffes.

Agnès, Agnès Sorel, c'est le nom de cette jeune femme née vers 1422, est entrée dans le cœur du roi, et réveille dans son corps tous les instincts ensommeillés au contact d'une Marie d'Anjou bien trop sage. Elle est présentée à la cour, première dans l'histoire de la royauté française à devenir la maîtresse officielle du souverain.

Agnès se met à l'ouvrage, conseillée en sous-main par Brézé. La décennie qui s'annonce, de 1440 à 1450, va être la plus brillante du règne de Charles VII. Agnès sait entourer son royal amant d'hommes de valeur. Elle fait appel à Jacques Cœur, enrichi par son commerce avec l'Orient, pour financer la reconquête de la Normandie.

À la cour, elle lance des modes hardies, qui surprennent. Celle des seins nus par exemple, qui scandalise le fils de Charles VII, le futur Louis XI. Un soir, la croisant parée de tant de bijoux et de si peu d'étoffe, il entre dans une folle colère, tire son épée, lève la main sur elle ! Le scandale est immense. Louis est éloigné dans le Dauphiné. Agnès accumule les richesses, les bijoux, les châteaux. Elle reçoit celui de Beauté-sur-Loire, près de Vincennes. Ainsi lui échoit ce nom qui a traversé les siècles : « dame de Beauté » !

En cette année 1450, Agnès s'est retirée au château de Loches. Elle attend son quatrième enfant. Après trois filles, le roi espère un garçon. En attendant, il guerroie en Normandie. Agnès va le rejoindre. Hélas, le voyage déclenche la naissance prématurée d'une fille qui vivra six mois. Agnès meurt sans doute d'une fièvre puerpérale le 9 février, elle n'a que 28 ans.

Charles se console rapidement auprès d'Antoinette de Maignelais, 20 ans, sa nouvelle maîtresse si impatiente de voir disparaître la belle Agnès qu'elle l'aurait empoisonnée !

Pauvre, pauvre et faible Charles VII ! Logé dans la mémoire et dans l'histoire entre le doute et la pitié.

XVIe siècle

15

Les folles amours de François Ier et Françoise de Foix

(1494-1537)

Il était une fois, dans la ville de Foix, en 1494, le vicomte de Lautrec et son épouse, Jeanne d'Aydie, penchés sur le berceau de leur fille Françoise… de Foix. Ils étaient ravis, éblouis par sa beauté précoce qui ne cessa, tout au long de sa vie, de séduire toutes celles, tous ceux qui devaient la connaître.

Nous sommes maintenant au cœur du printemps 1505, en Bretagne, à Morlaix. Dans la petite église en bord de mer, Anne de Bretagne qui a accueilli à sa cour sa petite cousine Françoise assiste à une messe. On remarque dans l'assistance le seigneur Jean de Laval, un grand jeune homme de 19 ans, comte de Châteaubriant, appartenant à la prestigieuse famille des Montmorency. Et ce jeune homme ne quitte pas des yeux une toute jeune fille : Françoise de Foix.

Que se passe-t-il après la messe ? On ne le sait trop, mais ce qui est certain, c'est que l'année suivante, Françoise de Foix, à 13 ans à peine, accouche d'un enfant dont le père est Jean de Laval ! En 1509, ils se marient. Le couple vit un bonheur sans nuages au château de Châteaubriant (aujourd'hui en Loire-Atlantique), jusqu'en 1516.

Cette année-là, le roi François Ier, tout auréolé de gloire après sa victoire à Marignan en septembre 1515, décide que sa cour seulement peuplée d'hommes va s'ouvrir toute grande aux plus jolies femmes du royaume car, dit-il, « une cour sans dames est une année sans printemps, et un printemps sans roses ».

Et la plus parfaite de ces roses, la plus belle, Françoise de Foix, grande, brune, altière et gracieuse, vit entre Nantes et Rennes, à Châteaubriant. Le roi l'apprend, l'invite à sa cour. Jean de Laval, réticent d'abord, mais conscient qu'un refus compromettrait son avenir, laisse partir Françoise vers son destin au printemps 1516.

Le flamboyant vainqueur de Marignan se transforme en doux amoureux pour conquérir le cœur de la belle qui résiste d'abord. Il se fait poète :

Belle qui tiens ma vie
Captive dans tes yeux,
Qui m'as l'âme ravie,
D'un sourire gracieux

... longue déclaration d'amour devenue une célèbre pavane dansée et chantée. De réticences en silences, la conquête va son cours et, bientôt, la Belle qui tient sa vie, et versifie, elle aussi, lui envoie ce message : « Crois pour certain qu'il n'est moment ni heures, / Si j'osais partout t'aller chercher, / Je le ferais, tant je t'aime. »

Françoise et François ne se quittent plus. C'est elle qui conseille à son amant d'éblouir le roi d'Angleterre par le Camp du Drap d'or afin d'acquérir son alliance. C'est elle qu'on a vue aux premières loges lors du baptême du petit dauphin François de Bretagne à Amboise ; elle avait pour voisine la reine Claude de France, fille d'Anne de Bretagne, épouse de François. La reine Claude – qui a laissé son nom à une prune – n'éprouve ni hostilité ni affinités avec la dame de Châteaubriant, elle se sait reine et cela lui suffit. Que deviennent Jean de Laval et les frères de Françoise ? Tous sont richement pourvus d'importants postes de gouverneurs.

Tout irait donc pour le mieux dans la meilleure des cours, proche du Clos Lucé où Léonard de Vinci a terminé *La Joconde* ! Mais en 1525, François Ier l'étourdi se fait capturer à la bataille de Pavie en Italie. Prisonnier en Espagne, il est libéré un an plus tard. De retour à la cour, il s'éprend d'une jeune et belle Anne de Pisseleu.

À Françoise meurtrie, il réclame les bijoux qu'il lui a offerts afin de retrouver les belles phrases qui y étaient inscrites. Françoise fait fondre les bijoux, lui en envoie le lingot, lui précisant qu'elle seule conserve en son cœur les paroles qui lui donnèrent du bonheur. Elle retrouve en 1526 Châteaubriant et son mari. Elle y meurt soudainement le 16 octobre 1537. Une légende noire prétend que Jean de Laval lui aurait cruellement ôté la vie. Il n'en est rien. En atteste le magnifique tombeau qu'il fit réaliser pour elle, orné d'une épitaphe du poète Clément Marot. À moins que…

16

César Borgia et Charlotte d'Albret, quatre mois d'amour éternel

(1498-1514)

Le samedi 17 décembre 1498, on vit entrer dans la ville de Chinon un cortège incroyable : vingt-quatre mules, ferrées d'argent, chargées de coffres sous des draperies brodées d'un taureau rouge, suivies de vingt-quatre autres mules couvertes d'étoffes écarlates ; à leurs fers d'argent étaient assortis d'autres fers plus petits, mais d'or, ceux-là, tenus par un seul clou, de sorte qu'ils se détachaient facilement. Ils s'offraient ainsi aux milliers de curieux, bourgeois et petit peuple, massés sur le trajet conduisant au château.

On y apercevait, sur le rempart, le roi de France Louis XII. Des chevaux magnifiques, des pages par dizaines, des valets, des ménétriers frappant tambours et tambourins, jouant du rebec, des mules encore, caparaçonnées d'or, puis une troupe de gentilshommes vêtus de riches étoffes, au milieu desquels on remarquait l'invité du roi... tout ce cortège pénétra dans le château. La cour, fébrile et curieuse, s'y était rassemblée.

C'est que l'invité n'était autre que le fils du pape Alexandre VI Borgia ! Le fils du pape ? Eh oui ! En ces temps belliqueux et agités de la Renaissance en Italie et ailleurs, on met au second plan la rigueur des mœurs pour privilégier la puissance conquérante. César ! César Borgia, 23 ans, le plus bel homme d'Italie, certes, mais tellement chamarré de toutes sortes de pierreries, brocarts d'or, chevauchant une monture décorée d'une si extravagante façon, que le roi Louis XII peine à réprimer son envie de rire.

Il s'en retient et c'est heureux, car César le magnifique lui tend l'acte signé de son père le pape, et qui le libère de son mariage forcé avec l'infirme Jeanne de France. Ainsi délivré, Louis XII va pouvoir épouser celle qu'il aime, Anne de Bretagne, et surtout réunir à long terme le duché breton au royaume de France ! Outre cet acte, des accords militaires pour envahir le royaume de Naples sont signés.

Si les affaires de guerre sont prometteuses, celles du cœur ne sont pas oubliées. En effet, César vient épouser celle que le roi lui a choisie : Charlotte d'Albret, surnommée en son temps « la plus belle fille de France », intelligente, douce, élégante. La rencontre entre le condottiere César Borgia – ce fougueux conquérant qui se rêve roi d'Italie – et l'ascendante d'Henri IV, Charlotte, illustre de façon exemplaire ce qu'on a coutume d'appeler le coup de foudre.

Qu'on imagine donc leur mariage, écrin de luxe inouï à Blois le 12 mai 1499, qui consacre peut-être le plus beau couple qui existât jamais, mariage consommé la nuit même. On possède de charmants détails de cette nuit dans la lettre que César – plutôt fanfaron – livra lui-même à son pape de père : il s'y vantait d'exploits qui, on le sait, furent bien piteux, car l'apothicaire chargé de fournir des pilules d'endurance au marié força sur un composant laxatif aux effets désastreux.

Qu'importe ! Pendant quatre mois, César et Charlotte ne se quittent pas, multiplient les preuves d'amour. César couvre de toutes sortes de biens précieux son aimée. Charlotte est éblouie, fascinée par cet homme au regard de feu. Son destin de guerrier – elle le pressent – s'écrira selon la loi de l'instinct et non de la raison, Charlotte sait que les jours de bonheur sont comptés. Tous deux chevauchent longuement en forêt, s'offrent de longues haltes amoureuses, se plient au protocole des visites officielles, pendant quatre mois, quatre mois seulement !

Puis César repart en Italie à la tête de milliers d'hommes et de chevaux, vers son destin brutal et tragique qui s'achève dans une embuscade à Viana, en Espagne, le 12 mars 1507, il n'a que 31 ans. Dans le château de La Motte-Feuilly où elle s'est retirée,

Charlotte fait alors recouvrir meubles, murs et coffres d'étoffes noires.

Malgré leurs échanges à distance, jamais César ne l'aura revue, jamais il n'aura connu leur fille Louise née le 17 mai 1500. Épuisée par le chagrin, Charlotte meurt le 11 mars 1514, à 34 ans. Ainsi demeure en nous, plus de cinq cents ans plus tard, l'image d'un bonheur à nul autre pareil, blessé par l'absence, mais qui offre aux rêveurs d'absolu tous les visages de la passion.

17

Diane de Poitiers, la passion d'Henri II

(1515-1566)

En ce 16 avril 1515, la beauté de Diane de Poitiers rayonne dans la chapelle de l'hôtel du Petit-Bourbon. Voulez-vous savoir où il se situait à Paris ? Flânez face à la colonnade du Louvre, rue de l'Amiral-de-Coligny, il n'y est plus, mais vous y êtes !

La jeune femme, née vers 1499, s'avance au bras de celui qui devient son époux. Bien plus âgé qu'elle, il est bossu, trapu, sa démarche malaisée et pesante. Mais à travers ce corps disgracié, on devine la puissance d'un homme de pouvoir : Louis de Brézé, petit-fils du roi Charles VII et de sa maîtresse Agnès Sorel. Louis de Brézé, grand sénéchal de Normandie, est devenu grand veneur de France, et conseiller de François Ier !

Revenons à ce 16 avril 1515, Louis de Brézé unit donc sa destinée à celle de Diane de Poitiers – qui n'a rien à voir avec la ville de Poitiers, la lignée de sa famille se situant de longue date aux environs de Mirabel-aux-Baronnies, entre Orange et Montélimar. Leur union sera très heureuse, jusqu'à ce que la mort les sépare, seize ans plus tard, après la naissance de deux enfants.

Dame d'honneur de la reine Claude de France, Diane est très proche du pouvoir lorsque, en 1523, son père, Jean de Poitiers, seigneur de Saint-Vallier, est conduit place de Grève, condamné à la décapitation pour avoir trempé dans un complot contre le roi. La tête sur le billot, il ferme les yeux, le bourreau lève son épée.

À ce moment, un cheval lancé au galop fend la foule : le cavalier apporte la grâce de François Ier accordée à Saint-Vallier ! Évidemment, certains chroniqueurs de l'époque, auxquels s'ajoutent les friands de scandale de tous les temps, ont affirmé que Diane avait sauvé son père en s'offrant à François Ier, alors que, fort probablement, c'est faux ! Louis de Brézé seul aurait conseillé au roi d'épargner ce vaillant soldat de Marignan.

Mais pour beaucoup, le doute demeure d'autant plus qu'entre la mort de Louis de Brézé en 1531 et la liaison de Diane avec Henri, fils du roi, futur Henri II, il s'écoule quand même cinq années auprès de l'ardent monarque au long nez !

Pauvre François Ier ! Anne de Pisseleu, sa maîtresse protestante, et Diane de Poitiers, catholique, se livrent une bataille sans merci, surtout après la mort de celui-ci en 1547. Diane a l'avantage. Elle possède le cœur et l'oreille de son amant de vingt ans plus jeune qu'elle, Henri devenu roi ! Catherine de Médicis, la reine, l'épouse légitime, est reléguée au second plan.

Henri II couvre Diane de bijoux dont un diamant de 50 000 écus, il la dote de titres prestigieux, de châteaux tels celui d'Anet, celui de Chenonceau. On y découvre, gravé dans la pierre, un monogramme où s'entrelacent habilement le H d'Henri, le D de Diane et le C de Catherine, omniprésent aussi à Chambord. Diane fait exiler sa rivale Anne de Pisselcu, réduit à néant tous les efforts que fait Catherine de Médicis pour rapprocher catholiques et protestants.

Diane, qui subjugue son monde par sa grâce et sa beauté, use en sous-main de toutes les perfidies dont elle est capable pour favoriser ses alliés politiques, ravie de s'approprier les richesses de protestants qu'elle a fait disgracier ou exécuter sur le bûcher. Prudente, elle est dévouée à la reine et pousse souvent Henri à effectuer son devoir conjugal – Catherine aura dix enfants dont trois deviendront rois.

Mais, le 30 juin 1559, lors d'un grand tournoi sur l'actuelle place des Vosges, Henri II reçoit un coup de lance dans l'œil. Il en meurt le 10 juillet.

Adieu l'amant ! Adieu bijoux, diamants, Chenonceau, adieux fêtes et châteaux, titres de prestige, adieu monceaux d'argent, adieu fortune ! Diane a tout perdu, enfin presque.

Selon son contemporain l'écrivain Brantôme, à 60 ans elle conserve la beauté d'une jeunesse de 30 ans ! Elle conserve aussi le château d'Anet où elle est emportée par une courte maladie le 22 avril 1566.

On pense qu'elle avait conservé sa beauté grâce à une curieuse mixture composée entre autres de vin blanc, de nénuphars, de camphre et... de pigeons hachés. Pigeons hachés ! Métaphore de tous ceux qu'elle brisa dans la gloire de son vol ? Pourquoi pas...

18

La triste histoire de Jacques V d'Écosse et Madeleine de Valois

(1536-1537)

C'est un jour de juin, en 1536, à Fontainebleau. Le roi François Ier reçoit en son château un autre roi, Jacques V d'Écosse, 24 ans. Celui-ci est arrivé en France pour une double raison : tout d'abord, secourir François que menace sans cesse son cousin Charles-Quint d'Espagne. Jacques est donc arrivé avec 16 000 hommes armés, mais Charles n'a pas bougé.

Si cette première raison concerne la guerre, la seconde se rapporte à l'amour. En effet, Jacques V, après avoir quitté armure, épée et toute son armée, doit épouser la jeune et jolie Marie de Bourbon-Vendôme, 21 ans, renforçant ainsi l'alliance entre la France et l'Écosse, toutes deux ennemies de l'Angleterre d'Henri VIII. L'histoire raconte que Jacques aurait gagné incognito le château de sa belle, croyant n'être point reconnu en la côtoyant, mais ses cheveux l'auraient trahi et Marie se serait fort amusée de l'affaire.

Jacques s'en va ensuite à Fontainebleau. Le roi François lui fait visiter son immense palais, dans les moindres détails dont le plus étonnant, le plus coquin que voici : dans une grotte artificielle attenante à l'appartement de la duchesse d'Étampes, sa maîtresse, François a fait installer un astucieux jeu de miroirs qui permet de voir les jeunes beautés nues profitant des bains.

Et Jacques en profite, se rinçant les deux yeux au moins à la vue d'une baigneuse qui le pétrifie de désir et de plaisir ! Il s'agit tout simplement de la fille de François, fine, délicate, gracieuse : Madeleine de Valois, 17 ans ! Jacques en devient fou, ou presque, il rompt son engagement avec Marie de Bourbon-Vendôme – qui va en mourir de chagrin – et supplie son futur beau-père de lui accorder la main de Madeleine !

Et qu'en dit Madeleine ?

Hélas, il est temps de révéler ce que, reluquant sa nouvelle promise, Jacques a entendu de sa bouche : « Je n'ai pu voir avec indifférence don Juan, le fils de Charles-Quint, il est tellement beau. Si on me marie à Jacques V, je me regarderai comme une victime immolée à l'État. »

Malgré sa réticence à donner à Jacques sa fille préférée qu'il sait fragile, François Ier consent au mariage qui a lieu le 1er janvier 1537 dans la cathédrale Notre-Dame, et dans la liesse du peuple de Paris, ravi.

Et... qu'en pense Madeleine ? La réponse nous est donnée par un poète, son page, le jeune Pierre de Ronsard. À l'époque, il n'avait que 13 ans, mais plus tard, il se rappelait fort bien tous les détails que lui ramenait à la mémoire sa petite Madeleine de Valois. Elle lui affirmait, le cœur en grande tristesse, devoir renoncer au séduisant don Juan : « Au moins, tant que je vivrai, même si l'amour n'entre pas en mon cœur, j'aurai réalisé mon rêve : être reine ! »

La fête terminée, Madeleine demeure encore en France jusqu'en mai. Avant de partir, elle veut revoir Blois, Orléans, dire au revoir à ses amis, se recueillir en l'église Saint-Julien de Tournon, sur la tombe de son frère tant aimé, François de Bretagne, mort à 18 ans en août de l'année précédente.

La perspective du voyage en mer l'effraie. Elle quitte Le Havre le 11 mai, accompagnée d'une importante escorte de vaisseaux français, et de son page Ronsard. Le 1er juin, elle débarque à Leith, port d'Édimbourg.

Elle ne connaît pas un mot de la langue qu'on y parle. Malgré les attentions de la cour écossaise, l'enthousiasme du peuple en grande pauvreté, malgré l'amour de Jacques V, elle s'étiole dans ce pays humide et froid, s'affaiblit. La tuberculose dont elle souffrait s'emballe et l'emporte dans la mort le 7 juillet 1537. Elle repose à l'abbaye d'Holyrood à Édimbourg, et dans le poème que, pour elle, Ronsard nous a laissé en héritage :

La belle Madeleine, honneur de chasteté,
Une grâce en Beauté,
À peine de l'Écosse avait touché le bord,
Quand, au lieu d'un royaume, elle y trouva la mort.

Jacques V en fut inconsolable, et peut-être, à l'écoute de son histoire aujourd'hui, nous aussi.

19

Isabelle a les yeux bleus (1562-1569)

Mercredi 13 mars 1563. Deux luxueux bateaux viennent d'accoster sur la petite île aux Bœufs près d'Orléans. Une tente y a été dressée. De l'un est descendu le connétable de Montmorency, chef du parti catholique ; de l'autre, Louis de Condé qui s'est rangé du côté protestant. Entre les deux religions, la guerre ouverte est déclarée au grand désespoir de la reine Catherine de Médicis.

C'est elle qui descend d'un troisième bateau. Elle veut absolument trouver une solution pacifique à ce conflit naissant. Et pour cela, elle est venue armée ! Son arme ? La voici : deux grands yeux d'un bleu profond et rare, une chevelure aux reflets d'or, une longue silhouette gracieuse. Bien sûr, il ne s'agit pas là de la reine Catherine qui est petite et boulotte, mais d'Isabelle de Limeuil, 27 ans. Elle fait partie de l'« escadron volant » créé par Catherine de Médicis, quatre-vingts jeunes filles les plus jolies qui soient.

Cet escadron volant a tant fait fantasmer au fil des siècles qu'il est temps de préciser que le rôle de ces jeunes beautés à la cour se situe à la croisée de la séduction et de l'espionnage. Lors de réunions entre chefs de partis ennemis, ou de seigneurs influents, on aguiche, on embrasse, on se laisse courtiser pour assouplir les relations, mais on ne va pas plus loin ! La reine a bien précisé qu'il faut éviter l'« enflure du ventre », sinon, c'est le fouet puis l'exclusion !

Revenons à nos deux ennemis sur la petite île aux Bœufs. Dès qu'il aperçoit l'arme fatale de la reine, Condé devient tout doux, soumis, et prêt à tout. Ah, Isabelle ! Ses regards langoureux sur sa personne de petite taille ! Qui eût pu croire un jour que la belle, la grande Isabelle tombât amoureuse de ce mini-Condé ? Eh bien, Catherine de Médicis ! Oui, c'est elle qui lui en a donné l'ordre en 1562. Mais, malgré les douceurs répétées de la belle qu'il couvre de bijoux, Condé s'obstine à s'opposer aux catholiques !

Montmorency et Condé discutent âprement sous la tente, Isabelle s'est placée de sorte qu'à aucun moment ne lui échappe le regard du protestant qui s'adoucit, s'attendrit, capitule et dit : oui ! Oui, la paix peut être signée ! Et elle l'est à Amboise quelques jours plus tard.

Tout heureuse, la reine qui sent le protestant prêt à tout pour lui plaire, et surtout pour aller plus loin avec Isabelle, l'engage à combattre contre son propre camp en reprenant aux protestants la ville du Havre ! Isabelle ne lui a-t-elle pas promis une très belle récompense s'il accomplissait cet exploit ? Condé gagne la bataille, puis galope à bride abattue vers Isabelle. Ce qui se passe ensuite ne nous regarde pas. On sait cependant que, quelques mois plus tard, naît un Condé encore plus petit que son papa ! Colère de Catherine qui exile Isabelle à Auxonne. Elle est si désespérée qu'on craint pour sa vie et qu'on l'autorise à rejoindre Condé en son château. Mais l'amiral de Coligny, chef du parti protestant, a profité de l'absence d'Isabelle pour mettre sur le chemin de Condé une ravissante Françoise d'Orléans, 16 ans, blonde aux yeux bleus, la même arme que celle de Catherine, mais en plus jeune. Et Condé en est fou amoureux, au point qu'il répudie Isabelle en lui demandant de lui restituer tous les bijoux qu'il lui a offerts ! Mortifiée, Isabelle peut compter sur le destin pour la venger : elle épouse un Toscan fortuné, devient la femme la plus riche de Paris !

Et Condé ? Le 13 mars 1569, il est tué à la bataille de Jarnac alors qu'il commandait le camp protestant contre les catholiques. On en avertit Isabelle qui vint contempler le cadavre de son amant goujat auquel elle n'avait rien pardonné. Il était exposé sur une table au château de Jarnac. Elle ne prononça qu'un mot : « Enfin ! »

20

Marie charme Charles IX

(1565-1574)

« Je charme tout. » Jean Dorat qui a été le professeur de Ronsard est heureux de son anagramme : elle reprend toutes les lettres de *Marie Touchet*, le nom de la douce et jeune beauté dont le roi Charles IX est amoureux fou. Le monarque l'a rencontrée par hasard, en 1565, au cours d'une chasse au cerf dont il raffole au point d'avoir écrit un traité sur ce sujet. Deux fois par semaine, le roi poursuit daguets et brocards en forêt pendant des heures, il épuise ses veneurs, ses meutes et ses chevaux. Et quand ce ne sont pas les cervidés, les autres jours il chasse le loup, le lièvre ; bref, il chasse tout, et peut-être, surtout, l'ennui.

Ce grand gaillard au corps athlétique néglige la fréquentation du monde et en particulier la compagnie des femmes. Une grande dame lui en fait un jour la remarque. La cinglante réponse qu'elle reçoit, traduite en termes convenables, sous-entend qu'elle-même et toutes ses consœurs de la cour pourraient en un temps éclair se retrouver honorées de royale façon ! C'est qu'il ne faut pas le contrarier, Charles IX ! Il peut soudain exploser de colère, devenir violent, cruel parfois.

« Je charme tout. » Pendant que Jean Dorat composait son anagramme, Charles tout calme et rêveur à ses côtés écrivait à Marie : « Toucher, aimer, c'est ma devise »... « Toucher, aimer », eh oui, Charles, voilà une autre excellente anagramme pour Marie Touchet ! En sa présence, Charles s'apaise, se prend à rêver d'un monde où catholiques et protestants, qui ne cessent de s'entretuer en ce XVIe siècle, vivraient en harmonie. Marie n'est-elle pas protestante, et lui, Charles, catholique ? D'ailleurs, pour apaiser les tensions, Marie n'a-t-elle pas conseillé à son amant de se rapprocher du chef des protestants, l'amiral de Coligny ?

Colère de Madame Mère, l'inflexible Catherine de Médicis qui commence à voir d'un très mauvais œil l'influence de la huguenote sur son Charles énamouré ! Elle exige qu'il l'éloigne ! Et qu'enfin Charles pense au mariage !

Catherine lui a choisi pour épouse Élisabeth d'Autriche, ravissante archiduchesse de 16 ans. Lorsque Marie découvre le portrait qu'en a fait le peintre François Clouet, elle déclare, sûre d'elle, sourire aux lèvres : « L'Allemande ne me fait point peur. » Le mariage a lieu le 25 novembre 1570.

Dès le lendemain, le jeune marié rassure son monde et déclare, ravi, avec une finesse plus que relative : « J'ai un pistolet qui a forcé le corselet d'Allemagne. » Si bien forcé d'ailleurs que naît bientôt leur unique enfant, Marie-Élisabeth, le 27 octobre 1572. Charles, qui espérait un garçon, se réjouit malgré tout de cette vie qu'il a donnée alors que plus de trente mille s'en sont allées dans d'atroces conditions deux mois auparavant, lors de la Saint-Barthélemy, le 24 août 1572 ! Les catholiques ont massacré les protestants.

Et c'est lui qu'on accuse d'avoir donné cet ordre alors qu'on le lui a arraché ! Depuis, il a perdu le sommeil, des spectres ensanglantés lui apparaissent la nuit. Il dépérit. La tuberculose dont il est atteint semble accélérer son cours afin d'achever son martyre.

Il meurt le 30 mai 1574, à 24 ans, après treize années et demie de règne, regretté de sa mère, sincèrement pleuré d'Élisabeth, de Marie.

Quatre années plus tard, Marie Touchet épouse François d'Entragues, lui donne une fille, Henriette, qui deviendra la maîtresse de celui qui avait enfin réussi à faire vivre ensemble catholiques et protestants : Henri IV !

21

Gabrielle d'Estrées, la presque reine pour Henri IV

(1573-1646)

« Ses yeux étaient de couleur céleste, elle avait les deux sourcils élégamment recourbés, le nez un peu aquilin, la bouche de la couleur des rubis, la gorge plus blanche que n'est l'ivoire, et les mains dont le teint égalait celui des roses et des lis, d'une proportion si admirable qu'on les prenait pour un chef-d'œuvre de la nature. »

Quel dommage que tous les temps de ce portrait d'époque soient à l'imparfait puisque rien n'y est imparfait ! Et cet imparfait porte en lui la marque d'un lointain passé, on ne pourra donc pas croiser sur quelque chemin que ce soit ce chef-d'œuvre de la nature dont il est temps de révéler le nom : Gabrielle d'Estrées !

Elle est née en 1573, au château de Cœuvres, dans l'Aisne. Cette jeune beauté a déjà une belle collection d'amants lorsque Roger de Bellegarde, son amant du moment, parle d'elle avec feu à son compagnon d'armes, le roi Henri IV, lors du siège de Paris en 1590. « Eh bien, dit le roi, le château de Cœuvres, ce n'est pas si loin de Paris ! Conduis-moi donc vers cette beauté ! »

Henri en tombe fou amoureux, mais Gabrielle n'a que faire de ce barbu âgé de 40 ans, tout roi qu'il est, et qui répand une odeur aigre « de l'aile et du gousset » – sa maîtresse Henriette d'Entragues, qui succède à Gabrielle, lui dit qu'il pue comme charogne !

Gabrielle, après avoir repoussé Henri, ne tarde pas à admettre, avec sa tante qui la conseille, que le lit du roi est plus adapté à ses ambitions que celui du beau Roger ! Mais avant de céder aux avances royales, elle agit de sorte que toute sa famille profite de son futur nouveau statut de maîtresse du souverain de plus en plus amoureux. Il en vient à faire passer ses affaires de cœur avant les affaires d'État !

La résistance de Gabrielle dure plus de six mois ! Enfin, un événement décisif survient : François d'Escoubleau de Sourdis, l'oncle de Gabrielle, est évincé du gouvernement de la ville de Chartres par les membres de la Ligue catholique. Gabrielle s'en plaint à Henri. Que fait Henri ? Il conduit ses troupes vers Chartres.

Et que fait Gabrielle ? Elle rejoint Henri dans le camp où il se trouve ! Que se passe-t-il entre eux, à l'intérieur du camp, sous la tente, et dans la nuit du 20 au 21 janvier 1591, avant la bataille de Chartres ? On le devine !

Ensuite, Gabrielle est de tous les déplacements du roi qui la comble de cadeaux. C'est elle qui va le convaincre de se convertir au catholicisme en 1593, et d'entrer ainsi dans Paris ! En 1594 naît leur premier fils : César, le futur duc de Vendôme. Leur fils vraiment ? Pendant les nombreuses chevauchées guerrières de son royal amant, Gabrielle qui n'a cessé d'aimer Bellegarde n'hésite pas à s'afficher avec lui, et l'on peut en penser tout ce qui s'ensuit !

Deux autres naissances vont se succéder, celle de Catherine-Henriette et celle d'Alexandre. Gabrielle est enceinte de sept mois lorsque son mariage avec Henri est sur le point d'aboutir en 1598, malgré l'opposition du pape Clément VIII et celle de plus en plus violente du peuple qui voit en elle la cause de tous les maux du royaume.

Mais, dans la nuit du 9 au 10 avril 1599, à quelques heures de la cérémonie nuptiale, Gabrielle est prise de convulsions dues à une crise d'éclampsie. Elle meurt au petit matin, à 26 ans. Henri IV, lorsqu'il apprend la disparition de sa maîtresse en est profondément affligé. Il déclare : « La racine de mon cœur est morte ! »

Celle du beau Roger de Bellegarde ne l'était pas : il fit la cour à l'ancienne maîtresse de son souverain Henriette d'Entragues, à sa nouvelle épouse la reine Marie de Médicis. Et l'on sait qu'il tenta sa chance auprès d'Anne d'Autriche, délaissée par Louis XIII.

Mais jamais ne le quitta l'image de la belle Gabrielle qu'il évoquait encore, selon ses contemporains, la veille de sa mort, le 13 juillet 1646, à 83 ans.

22

Henri III et Marie, un amour brisé

(1574-1589)

Mardi 18 juin 1574. La nuit vient de tomber au château de Wawel en Pologne. Le silence a envahi l'immense bâtisse où le roi Henri III de France vient de se retirer dans sa chambre. Mais que fait donc Henri III à Wawel en Pologne ? Eh bien, notre Henri est tout simplement devenu par le jeu des alliances le roi de ce pays le 11 mai 1573 ; et cela à peine un an après la terrible nuit de la Saint-Barthélemy à Paris, le 24 août 1572, nuit pendant laquelle les catholiques ont massacré les protestants !

Depuis, le roi Charles IX, rendu responsable du massacre, n'a cessé de dépérir, et le 30 mai 1574, il a rendu l'âme, laissant sa place à son frère Henri, duc d'Anjou, devenu Henri III. Mais comment concilier ces deux règnes quand on ne possède pas le don d'ubiquité ? Henri, à l'annonce de la mort de son frère, n'a pas hésité : il va s'enfuir de Wawel !

S'enfuir ? Eh oui, les Polonais veulent conserver leur nouveau roi, et ils montent la garde ! Hélas pour eux, une petite porte donnant sur la ville est ouverte : le roi et sa suite la franchissent et s'enfoncent dans la nuit. Henri est aux anges !

Parmi les raisons qui l'élèvent vers cette béatitude, figure « la belle Marie », âgée de 18 ans lorsqu'elle est arrivée au Louvre. Contrairement à la légende, loin d'être homosexuel, Henri est attiré par la gent féminine. Sidéré par la beauté de Marie de Clèves, subjugué par son charme, ébloui par son élégance, Henri en est tombé fou amoureux !

Que venait-elle faire à la cour ? Épouser le prince de Bourbon-Condé, de petite taille, vaillant au combat, ronchon et bougon dans la vie. Le mariage a lieu le 10 août 1572. Henri conserve l'espoir qu'un jour, sait-on jamais, Condé mourant au combat, Marie serait libre. Il ne cesse de lui écrire, signant de son sang ses lettres enflammées !

Mais le petit Condé a la vie dure. Lorsque Henri arrive en Pologne, en février 1574, il apprend que Marie est enceinte. Il apprend aussi que le petit Condé l'a quittée. Quelques mois plus tard, dans sa fuite, Henri se sent pousser des ailes. La Moravie traversée, voici Vienne !

Marie, ô Marie ! À mesure qu'il s'en rapproche, Henri sent croître un bonheur tel qu'il se laisse aller à des dépenses folles à Vienne où il est accueilli par l'empereur Maximilien II.

Qu'importe les écus gaspillés, l'ivresse de l'amour ouvre à tous les excès, y compris celui qui demeure dans la mémoire collective comme un fameux pas de côté : Henri III, parvenu à Venise, découvre dans cette cité des Doges une telle douceur de vivre, et une courtisane si accueillante, Veronica Franco, qu'il prolonge son séjour. Et il faut toute l'autorité de sa mère Catherine de Médicis pour le ramener à la raison et à Paris en septembre 1574.

Hélas, la terrible nouvelle tombe en octobre : Marie, en donnant naissance à sa fille Marguerite, a perdu la vie. Lorsqu'il l'apprend, Henri s'évanouit, il pleure pendant des jours. Mais il est roi, son sacre est fixé au 13 février 1575. Pour cet événement, Henri le délicat a lui-même cousu les pierreries sur ses étoffes cérémonielles, il a changé sept fois de tenue ! Lorsque le cardinal de Guise lui met la couronne sur la tête, il a un malaise, car il a dû rester à jeun pour respecter la tradition.

La couronne, à deux reprises, glisse sur sa tête, sinistre présage où l'on peut voir l'annonce de son assassinat le 1er août 1589 !

Peu de temps avant le sacre, il s'est passé un événement incroyable ; toujours convalescent de sa blessure de cœur, Henri n'en a pas cru ses yeux : Louise, Louise de Vaudémont dont il tombe fou amoureux, est le parfait sosie de Marie, même sourire, même grâce, même esprit.

Deux jours après son sacre le 13 février 1575 à Reims, il l'épouse. Au matin de ses noces, c'est lui qui la coiffe ! Et il met tellement de temps à façonner les cheveux de la reine que la cérémonie doit être reportée dans l'après-midi ! Henri regrettera toujours Marie, mais la belle Louise, sa femme, lui voue une telle admiration qu'elle compare sa vie à un conte de fées. Enfin quelqu'un d'heureux !

XVIIe siècle

23

La terrible histoire de Françoise et Henri de Cheverny

(1599-1604)

En 1599, Henri Hurault de Cheverny, 23 ans, et son épouse Françoise Chabot, 21 ans, s'installent dans le château de Cheverny dont ils ont hérité. Ils sont mariés depuis déjà onze ans. L'avenir leur sourit. Ils sont riches. Beaux, on ne le sait pas trop, mais on préfère les imaginer tels. Hélas, le bonheur bucolique du jeune couple est de courte durée : Henri IV rappelle à son service Henri Hurault pour guerroyer contre le duc de Savoie. Hurault enfourche son cheval, promet de donner de ses nouvelles et galope vers son roi. Le temps passe. Point de nouvelles. Françoise s'ennuie. S'ennuie le jour, s'ennuie la nuit. Son page aussi. Et bientôt, ils décident de tromper l'ennui, ou plutôt de tromper le mari !

En 1601, la guerre est finie. Hurault rentre-t-il dans ses terres ? Non, il préfère demeurer à la cour, ou plutôt faire sa cour au roi Henri IV.

À Cheverny, les murs épais du vieux château étouffent bien des bruits qui s'apparentent parfois à des vocalises, dont certaines s'évadent par quelque fenêtre ouverte sur des siestes suspectes. Et ces vocalises courent, trottent, galopent jusqu'à Paris, jusqu'au Louvre, se glissent dans les salles du palais, et finissent par entrer dans les oreilles royales !

Henri IV est toujours d'humeur facétieuse, il s'amuse d'un rien. C'est un grand séducteur que les histoires d'amour malheureuses divertissent toujours. Un soir, est donnée une grande réception au palais. Henri Hurault se trouve parmi les invités, jamais bien loin du roi. Il fait face à un petit miroir. Tout à coup, qu'aperçoit-il derrière son crâne ? Deux oreilles de lapin ! Enfin pas vraiment… ce sont plutôt les doigts du roi qui forment une sorte de V rigolard représentant des cornes, signe déshonorant, accablant pour un mari trompé ! Toute l'assemblée s'esclaffe ! Hurault est mortifié !

Aussitôt, il demande qu'on prépare son cheval, l'enfourche, le lance au triple galop et arrive à Cheverny à l'aube naissante. Le remue-ménage qu'il produit en s'approchant de sa propriété met en alerte Françoise qui s'éveillait doucement dans les bras de son page.

Celui-ci saute par la fenêtre trop haute, il se brise la jambe. Hurault se précipite sur lui et le transperce de son épée ! Puis il monte quatre à quatre l'escalier conduisant à la chambre de son épouse terrifiée qui veut se jeter à ses pieds. Il la repousse : « Madame, je vous laisse le choix, le poison ou le poignard ! »

Françoise a compris qu'elle va mourir, elle pleure, implore, rien n'y fait ! Henri répète dans sa folie furieuse : « Le poison ou l'épée ! » Et il ajoute : « Qu'on aille chercher un confesseur. »

Désespérée, Françoise choisit le poison. Le confesseur l'assiste, l'accompagne dans ses dernières prières. Elle avale le poison et rend son dernier souffle vers midi, après d'atroces souffrances.

Hurault retourne à Paris, sûr d'être approuvé pour avoir lavé son honneur. Mais le roi Henri IV, qui pourtant est familier des horreurs de la guerre, est choqué par cette lâche vengeance. Il ordonne à Hurault de retourner à Cheverny, et de ne plus paraître à la cour. La disgrâce durera deux années. Le château maudit sera rasé, et remplacé par celui qu'on aime visiter aujourd'hui, élégant et proche parent de celui de Moulinsart où vit le capitaine Haddock, l'un et l'autre dessinés par Hergé, Moulinsart d'où s'échappent, de temps en temps, en écho peut-être à celles de Françoise Chabot, les vocalises de la Castafiore.

24

Henri IV, son royaume pour une Charlotte ! (1609-1643)

Vendredi 16 janvier 1609. Henri IV, dans son bureau, boude ! Il boude parce que son épouse, la reine Marie de Médicis, a refusé que sa maîtresse, la comtesse de Moret, figure dans un ballet qui sera donné, aux fêtes du Mardi gras ! Mais il a oublié de fermer la porte de son bureau qui ouvre sur la fort longue galerie reliant le Louvre au palais des Tuileries. Que de bruit, que de musique dans cette galerie. Il s'y engage pour se dégourdir les jambes et là, tout à coup, devant lui, marche un groupe de jeunes danseuses, élégantes, enjouées. Soudain, l'une d'elles se retourne et, par jeu, dirige la flèche d'or qu'elle tient dans sa main droite vers le cœur du roi. Touché, Henri ! Pétrifié ! Il dira plus tard : « En la voyant, j'ai failli m'évanouir ! » Cette apparition s'appelle Charlotte !

Charlotte de Montmorency, elle n'a pas 15 ans. Elle est belle comme le jour, plus belle que le jour. Henri a 56 ans, et plus toutes ses dents. En effet, on a retrouvé dans ses comptes de santé des sommes importantes pour les plomber ou les remplacer par des quenottes en or. Il souffre de goutte, de séquelles de maladies vénériennes, mais, dès qu'un jupon passe, son cœur de Béarnais bon vivant bat la chamade !

Charlotte ! Le voilà encore amoureux fou, plus fou que jamais ! Mais Charlotte est promise à François de Bassompierre, vaillant compagnon de guerre du roi, et ardent amoureux. Trop ardent auprès de Charlotte, se dit le roi, qui ordonne à son compagnon d'abandonner son rôle de prétendant. Il choisit pour le remplacer Henri II de Bourbon-Condé, un jeune homme timide et gauche, effacé, et si peu porté vers la gent féminine qu'on pense qu'il préfère les hommes.

Condé, informé du plan royal, est vexé du rôle qu'on veut lui faire endosser : il demande au roi de ne pas donner suite à son projet. Trop amoureux, le roi Henri IV n'en fait qu'à sa tête et, bientôt, Charlotte est contrainte d'épouser Henri de Condé le 17 mai 1609.

Mais le nouveau mari va mener bonne garde auprès de sa femme ! Le roi en est tout penaud : il ne peut approcher de celle qu'il aime à en perdre la raison, ni même lui parler. Il entame avec elle une correspondance enflammée. Charlotte commence ses missives par « Astre que j'adore... », il lui répond : « Aimez-moi !

Je suis à vous... » Mais Condé, malgré l'insistance du roi, refuse de laisser Charlotte en sa compagnie. Il décide même, pour protéger sa jeune épouse, de fuir à Bruxelles, capitale des Pays-Bas espagnols. Charlotte est désespérée, elle tente de s'évader, supplie son royal amant de venir la chercher. Henri IV prend alors les grands moyens : il va s'allier aux princes allemands, envahir les Pays-Bas, démanteler l'empire des Habsbourg et... ramener son grand amour à Paris ! Rien que ça !

L'entrée en guerre est fixée au 16 mai 1610. Mais le 14 mai, vers 16 heures, rue de la Ferronnerie à Paris, le roi, son amour et son projet fou meurent sous les coups de poignard de François Ravaillac !

Bien sûr, Charlotte est éplorée, mais elle se remet rapidement de cette tragédie et paraît bientôt à la cour, radieuse, au bras de son mari ! De leur union naîtra le futur Grand Condé qui, le 19 mai 1643, infligera aux Espagnols, dans les Ardennes, à Rocroi, une défaite d'une telle ampleur que c'en sera fini de la puissance militaire espagnole ! Finalement, Henri avait choisi pour Charlotte le bon mari !

25

Richelieu fut-il un séducteur ?

(1615-1642)

Armand Jean du Plessis de Richelieu ! Quand on entend ce nom, on imagine du bleu, du blanc, du rouge, les couleurs dont l'a paré le peintre Philippe de Champaigne en 1640. Oui, bleu, blanc, rouge, les couleurs du drapeau d'aujourd'hui pour ce personnage d'hier qui sauva le royaume des menées espagnoles. Richelieu, quel homme !

On connaît son action politique, ses combats contre les protestants en France. Bref, un grand homme d'État, ce cardinal de Richelieu, ministre principal de Louis XIII, ecclésiastique quand il en a le temps.

Né en 1585 à Paris, entré en politique auprès de la reine Marie de Médicis en 1615 à 30 ans, il frôle la disgrâce quinze ans plus tard puis reçoit la confiance absolue de son roi. Tout cela est fort bien mais ne nous dit rien sur l'être de chair, l'âme de séducteur qu'a pu être notre cardinal !

Richelieu, un homme à femmes ? Oui ! La première qui tombe dans ses bras, ou l'inverse, s'appelle Marion Delorme et a de nombreux amants, dont le fameux Cinq-Mars, favori de Louis XIII. Le Cardinal s'en va chez elle pour exiger la fin de cette liaison dangereuse. Mais c'est le début d'une autre qui commence : Armand et Marion vont s'aimer passionnément jusqu'à ce qu'une autre séductrice apparaisse, Mme de Chaulnes, femme d'un militaire toujours en campagne. Elle fait tourner la tête de notre évêque de Luçon qui, peu fidèle, papillonne dans les salons, dans celui, notamment, de la fameuse Ninon de Lenclos.

Ninon est courtisane aux mille galants, dont beaucoup en même temps ; elle les a classés en « payeurs », ceux qui lui rapportent, « martyrs », ceux qui n'ont aucun espoir de conclure, et « élus du moment ».

Il est aisé de deviner dans quelles cases, au pluriel, se situe le cardinal bientôt fatigué d'une promiscuité de cœur qui ne lui convient guère. Voici qu'apparaît alors Marie-Madeleine de Vignerot, jeune veuve fort séduisante. Le cardinal en tombe amoureux, avec une telle fougue qu'un enfant naît, ou deux, on ne sait pas.

Vraiment ? Oui ! Mais, Marie-Madeleine est sa propre nièce ! Et alors ? Rien ne résiste au « diable rouge », tout est dû à Son Éminence dont on vient de connaître peut-être le centième des aventures de corps et de cœur !

Stop, stooooop ! Comment peut-on se laisser emporter par ce tourbillon de calomnies, cette spirale de médisances ! Qui peut croire ces fables où l'on voit un homme d'une puissance de travail inouïe se laisser aller à la bagatelle, passer son précieux temps dans la futilité de salons d'oisifs !

Comment ne pas deviner, dans ce portrait du cardinal aux cent prétendues conquêtes, la plume ficelleuse d'auteurs de pamphlets qui n'ont jamais manqué au fil de l'histoire ?

Et c'est bien le cas pour Richelieu, détesté de son vivant pour les impôts qu'il multiplie, pour l'extrême sévérité qu'il applique partout, en particulier contre ceux qui pratiquent le duel interdit.

À tous ceux qui viennent implorer leur grâce, à leurs mères et femmes éplorées, il répond : « Leur perte m'est aussi sensible qu'à vous, mais ma conscience me défend de leur pardonner. » Ils sont décapités place de Grève.

Cet homme-là, un homme à femmes ? Cet homme de conviction, bourreau de travail, mais martyrisé dans son corps par des fièvres à répétition, de violentes migraines, des calculs rénaux et biliaires, des abcès de toutes sortes, des hémorroïdes, cet homme rigide, austère, un homme de séduction, vraiment ?

Il n'aura connu qu'un amour dans sa vie, un pur amour de famille, celui de sa nièce Marie-Madeleine qu'il a hébergée en tout bien tout honneur et dont il dira avant sa mort, sans ambiguïté : « C'est la personne du monde que j'ai le plus aimée. » Cette mise au point a pu être effectuée grâce aux découvertes des chercheurs d'aujourd'hui, outrés que la mémoire d'un tel personnage soit ainsi déformée.

Et, pour que notre information soit à la fois complète et comblée, ils continuent de chercher. On ne sait jamais…

26

Une duchesse d'enfer et de Chevreuse

(1617-1679)

Quelle tornade d'énergie, Marie de Rohan, toujours en mouvement, dès l'âge de 15 ans, vêtue comme un garçon, comme son frère avec lequel elle bat la campagne autour du château de Couzières près de Tours.

De petite taille, ronde de corps, le visage ovale, la chevelure rousse, les yeux pétillants d'espièglerie, elle fait la fierté de son père Hercule de Rohan.

Après l'assassinat d'Henri IV en 1610, Louis XIII étant trop jeune, sa mère et deux aventuriers italiens, les Concini, se sont partagé le pouvoir. En 1617, Louis XIII, qui a épousé Anne d'Autriche deux ans auparavant, veut se débarrasser des Concini et gouverner lui-même !

La mission meurtrière est accomplie par Charles d'Albert, fauconnier du roi. Pour récompense, il devient duc de Luynes, héritant de l'immense fortune des Concini.

Il lui faut maintenant un mariage de prestige. Marie de Rohan vient de faire son entrée à la cour. Ravissante, un brin effrontée, mêlant la vivacité à la grâce, elle ravit le duc de Luynes par son inépuisable vitalité.

La jeune fille, sans être débordante d'amour, épouse ce fauconnier promu, certaine de se retrouver ainsi dans l'intimité royale qu'elle découvre avec gourmandise et surprise ! Car, devenant la confidente de la reine Anne d'Autriche, elle apprend combien cette souveraine venue d'Espagne est une épouse délaissée. Marie acquiert sur la reine un tel ascendant que le roi en devient jaloux. Il soupçonne que nombre d'intrigues toutes nouvelles à la cour sont fomentées par la boule d'énergie aux yeux espiègles qui se plaît à entraîner son épouse dans des jeux parfois puérils. Ainsi, lors d'une partie de cache-cache, le 14 mars 1622, la reine heurte une estrade et fait une fausse couche. Peut-être perdit-elle ce jour-là un garçon qui serait devenu Louis XIV seize ans avant la naissance de celui que l'histoire connaît.

Colère de Louis XIII ! Il exile Marie loin de la cour. Mais l'habile intrigante, devenue veuve l'année précédente, s'est réservé un atout majeur : un amant appartenant à la prestigieuse famille de Lorraine, le duc de Chevreuse. Elle l'épouse et, devenue duchesse de Chevreuse, rentre triomphante à la cour.

Les intrigues reprennent de plus belle. La plus spectaculaire se déroule lors de la venue en France du duc de Buckingham à Amiens. Celui-ci est amoureux de la reine Anne d'Autriche. Marie parvient à les isoler dans la nuit, entre des bosquets. Un cri jaillit ! On ne saura jamais ce qui s'est vraiment passé, mais, dans toute l'Europe, on s'amuse de cette affaire. Louis XIII est humilié. Marie est vengée de son exil !

Calmée la duchesse ? Point du tout : elle trempe dans la conspiration de Chalais qui visait à assassiner le roi. Exilée en Lorraine, elle continue de correspondre avec Anne d'Autriche, et d'approuver sa correspondance avec l'Espagne, ennemie de la France ! Lorsque la guerre est déclarée entre les deux pays, Marie qui craint d'être inquiétée se déguise en homme et file à cheval vers Madrid. On la retrouve ensuite en Angleterre, aux Pays-Bas espagnols, toujours partie prenante dans les complots les plus spectaculaires.

La mort de Richelieu et Louis XIII ne l'arrête pas : abandonnée par Anne d'Autriche, elle se retourne contre elle, bâtit des cabales contre Mazarin, monte les uns contre les autres les princes, le pouvoir royal et les parlements.

Jusqu'à sa mort en 1679, à presque 80 ans, elle conspire comme elle respire !

On raconte que, le 13 mai 1643, le roi Louis XIII, à quelques heures de sa mort, entendant prononcer le nom de la duchesse de Chevreuse, s'écria : « Voilà le diable, voilà le diable ! » Le diable, sans doute le plus fidèle amant de Marie, Marie et son énergie d'enfer !

27

Louis XIII et son aurore : Marie de Hautefort

(1630-1691)

Le hasard de la naissance peut-il affliger davantage un être que celui qu'il fait roi ? Naître roi ! C'est porter sur soi tout le poids du ciel et de la terre à la fois puisque, à travers la magie du mot, les sujets gouvernés sont sûrs que leur souverain possède tous les secrets de l'univers, ceux par exemple qui vainquent les grandes peurs et les petits défauts.

Hélas, pour Louis XIII, les grandes peurs le poursuivront sa vie entière. Ou plutôt la grande peur, celle des filles ! Les premières manifestations de cette aversion nous sont rapportées par Jean Héroard qui tient un journal où il raconte par le menu tout ce qui concerne la santé de son royal patient à partir de sa naissance en 1601.

Ainsi apprend-on que le 6 janvier 1605, le petit souverain de 4 ans, fort énervé, s'empare d'une pique et menace sa propre sœur Élisabeth. On le calme. On lui demande la raison de cette agression. « Parce que j'ai peur d'elle », répond-il. « Et pourquoi donc, Monsieur ? » Et le petit monarque de répondre : « Parce que c'est une fille ! » Il faut dire que son éducation a pris un tour très brutal à partir de ses 3 ans, et cela sur le conseil de son père Henri IV. Petit Louis n'est pas sage, se rebiffe, trépigne ? Donnez-lui le fouet, les verges et des fessées ! Et qui donc se charge de la besogne ? De zélées gouvernantes.

Étonnons-nous qu'après ces curieuses tendresses éducatives, petit Louis devenu grand – et grand chasseur – se méfie comme de la peste de la gent féminine, et préfère la virile compagnie de ses lieutenants de meute, grands veneurs ou gardes forestiers ! Pourtant, un regard innocent, distrait, d'un bleu céleste et juvénile va fendre cette carapace sombre et taciturne, en chercher le cœur et s'y installer en propriétaire involontaire.

Elle s'appelle Marie de Hautefort, elle est née en 1616, sa beauté, son élégance, la perfection de son visage, ses cheveux d'or, son sourire, et ces petits éclairs d'espièglerie dans l'œil tétanisent de bonheur le roi, l'hypnotisent au point qu'il va, de jour en jour, veiller à ce que personne d'autre que lui ne rôde autour de Marie. On la surnomme alors « la belle aurore ». Marie appartient au roi !

Oui, mais la belle, presque endormie par son éducation à la soumission, se réveille à la vraie vie. Consciente de son pouvoir sur le souverain, elle se révèle tantôt douce et complice, tantôt indocile et rebelle. Le roi devient son jouet – lorsqu'elle le charme, il l'appelle « l'aurore » ; lorsqu'il va pleurer chez Richelieu en lui contant ses rebuffades, elle devient « la créature ». Ajoutons à cela le caractère enjoué, moqueur, ironique de Marie qui ne se prive pas de rire du bégaiement de son royal soupirant.

Bègue, oui ! Louis l'est depuis qu'il a commencé à parler, vers 3 ans. À 8 ans, il lui faut repousser avec le doigt sa langue dans sa bouche à la fin de chaque phrase. Malgré tout, de partages complices en fâcheries, le couple Louis le platonique et Marie la taquine avance cahin-caha dans la vie, et cela d'autant mieux que l'épouse du roi, la reine Anne d'Autriche, n'y voit pas malice, car elle sait que demeure en son homme la peur des filles !

Elle en a la preuve un jour où le roi, entré à l'improviste dans un salon, voit Marie qui cache hâtivement un billet sur son sein. Anne d'Autriche à ses côtés s'en amuse et invite le roi à dénicher le petit billet. Mais Louis, pétrifié, détourne le regard, va chercher des pincettes d'argent, et retire le papier sans effleurer la poitrine de Marie déçue et frustrée !

Et pourtant, on assure que ce fut la compagnie de Marie qui réveilla les sens de Louis XIII, le 5 décembre 1637, lorsqu'il s'unit enfin à Anne d'Autriche. Le 5 septembre 1638 naissait Louis XIV, qui, lui, tout au long de sa vie, n'eut jamais peur des filles ! Bien en cour, puis disgraciée en raison de ses hardiesses de langage, Marie s'attrista de la mort de Louis XIII en 1643, haït Mazarin ensuite, puis fut tendrement accueillie à la cour du Roi-Soleil. Retirée au monastère des sœurs de la Madeleine à Paris, l'aurore franchit son crépuscule le 1er août 1691, à 75 ans, et quitta, enfin apaisée, sa propre créature.

28

L'insolent Lauzun et la Grande Mademoiselle : dix ans de passion

(1633-1723)

Un soir d'octobre 1669, une ombre se glissa dans la chambre d'Athénaïs de Rochechouart de Mortemart, en plus court, Mme de Montespan, et en plus court encore, ce qu'on apprendra un peu plus loin… La chambre est vide. L'ombre repère le lit, se glisse dessous et attend. Au bout de quelques instants, Athénaïs entre, suivie de son amant qui n'est autre que le roi Louis XIV !

L'ombre sous le lit tend l'oreille, supporte les classiques modulations sonores de ce genre d'exercice, puis écoute leur conversation. Il y est question de la charge prestigieuse de grand maître de l'artillerie de France. Louis XIV l'a donnée puis retirée à l'ombre dont il faut révéler l'identité, car le suspense est à son comble : il s'agit du marquis de Puyguilhem qu'on appelle Péguilin à la cour, futur duc de Lauzun, né en 1633.

Ce favori du roi est, selon Saint-Simon, « un petit homme blondasse, bien fait de sa taille, plein d'ambition, de caprice et de fantaisie, jamais content de rien, méchant et malin par nature ». Ajoutons à ce portrait que ses conquêtes féminines sont innombrables, et que parmi celles-ci se trouve celle d'Athénaïs...

Mais ce n'est pas par jalousie qu'il s'est tapi sous le lit, c'est pour savoir si elle va tenir parole, elle qui lui a juré de convaincre le roi de lui redonner la prestigieuse charge promise. Stupeur, elle dit pis que pendre de Péguilin qui, sorti de sa cachette et de la chambre, croisant la traîtresse trois jours plus tard à la répétition d'un ballet, lui sourit d'abord puis lui glisse dans l'oreille des insultes dont l'une la fait presque s'évanouir : « Pute à chien ! »

Mis au courant, le roi convoque Péguilin qui, au lieu de s'excuser, brise son épée, la foule aux pieds. Louis XIV saisit sa canne, se retient de la casser sur le dos de l'insolent, la jette par la fenêtre en disant : « Je ne voudrais pas avoir à me reprocher d'avoir frappé un gentilhomme ! »

Pardonné, en apparence, il se trouve face à une affaire de tout autre importance l'année suivante en 1670 : la Grande Mademoiselle, Louise d'Orléans, 43 ans, duchesse de Montpensier, petite-fille d'Henri IV, la plus grande fortune d'Europe, est amoureuse de lui, à la folie, et désire l'épouser. Louis XIV accepte d'abord, mais, face à la désapprobation de sa cour, retire son accord. Peu de temps après, Péguilin est arrêté et conduit *manu militari* par d'Artagnan à la forteresse de Pignerol dans le Piémont. Il faut croire que le « pute à chien » n'était pas passé, ou plus sûrement que le roi punissait la trahison de Péguilin qui aurait vendu des secrets militaires aux Hollandais.

L'amour de la Grande Mademoiselle ne faiblit pas, elle accepte de donner une partie de sa fortune au duc du Maine, bâtard de la Montespan et du roi. Celui-ci, contre ce don, accepte de faire sortir Péguilin de Pignerol. Va-t-elle pouvoir l'épouser enfin, à la face du monde ? Non ! Refus de Louis XIV, conseillé par Athénaïs, forcément ! Il l'autorise seulement à donner à son Péguilin nombre de propriétés, mais celui-ci trouve ce don insuffisant.

Cette histoire d'amour à sens unique se termine d'étonnante façon ; Péguilin qui vit désormais avec la Grande Mademoiselle rentre un soir de la chasse et lui lance : « Louise d'Orléans, tire-moi mes bottes ! » Outrée par cette insolence, Louise refuse. Péguilin lui botte alors le derrière ! C'en est trop ! Elle le chasse : « Je vous défends de vous présenter jamais devant moi ! » Elle meurt en 1693, à 65 ans, sans l'avoir revu.

Péguilin quant à lui devient duc de Lauzun. Il épouse en 1695, à 62 ans, Geneviève de Durfort, 14 ans ! La jeune et belle Geneviève, point du tout amoureuse, est tout heureuse de pouvoir ainsi être admise à la cour, espérant toutefois que son Lauzun ne fera pas de vieux os.

Eh bien si, Geneviève, vous l'avez supporté jusqu'en 1723, votre Lauzun ! À 90 ans, il est mort d'un cancer qui lui rongeait la bouche. Peut-être provoqué par le « pute à chien » qui n'avait cessé de s'y envenimer !

29

Les leçons d'amour de Cateau la Borgnesse à Louis XIV

(1653-1689)

1653. Anne d'Autriche, reine de France, est soucieuse : son fils aîné, Louis-Dieudonné, qui vient d'avoir 15 ans, a refusé de danser avec Henriette d'Angleterre, sa cousine, sous prétexte qu'elle est une petite fille – elle n'a que 10 ans. Et les grandes filles, Louis-Dieudonné ? Eh bien, il ne s'y intéresse pas non plus, pas le moins du monde, ce qui fait naître dans le cœur d'Anne d'Autriche cette crainte : pourvu qu'il ne soit pas comme son père, Louis XIII, qui ne jurait que par la gent masculine !

Et soudain, un matin, on vient prévenir la reine que, si, elle pourra être grand-mère, son fils ayant laissé dans son lit une grande carte de France – ainsi appelle-t-on le dessin de la semence que produit l'inadvertance du sommeil. Certes, c'est une bonne nouvelle ! Mais précisons-le en masquant la réalité crue par une métaphore qui se croit habile à défaut d'être spirituelle : maintenant que le carburant est disponible, qui va se charger d'apprendre au roi le mode d'emploi pour faire avancer la machine ?

Le doigt de sa main droite appuyé sur son front – sa main droite qui, comme la gauche, est admirée de toute l'Europe pour sa finesse, sa délicatesse et son habileté à dresser sa coiffure –, la reine se tourne vers sa femme de chambre, Catherine Bellier.

Catherine est une petite femme boulotte, rondouillarde, mais très vive sur ses deux jambes capables de la conduire en un éclair partout où se concoctent complots et secrets de toutes sortes, calomnies ou médisances. Elle les rapporte bien vite à sa maîtresse pendant qu'elle lui administre un clystère, autrement dit un lavement par le rectum – elle excelle dans la façon indolore de conduire ce genre de purges très fréquentes en ce temps où la diététique n'était pas née.

Catherine Bellier, Cateau pour les intimes, « la Borgnesse » pour le peuple à cause de son strabisme divergent, comprend le clin d'œil de la reine. Elle sait ce qui lui reste à faire. Quel honneur, quel bonheur aussi pour cette libertine aux appétits sexuels débridés, d'avoir à déniaiser le jeune Louis-Dieudonné, qui deviendra Louis XIV !

Cateau a 40 ans en cette année 1653. Vingt ans plus tôt, elle épousait Pierre Beauvais, marchand de rubans, devenu « de Beauvais » grâce à sa proximité avec la cour, et peut-être aussi en raison de son vrai père : un chevalier de l'ordre de Malte. Cateau, elle, n'est pas issue de la chevalerie mais plutôt, si l'on en croit Guy Patin, chroniqueur de l'époque, de la friperie avec un père crocheteur des halles. Il n'empêche que, se rendant indispensable auprès de la reine, elle connaît une ascension fulgurante.

Revenons à notre Louis-Dieudonné, à ses cartes de France et à l'inquiétude d'Anne d'Autriche. Cateau a bien reçu le message non verbal de la reine, son clin d'œil. Et le lendemain, croisant l'adolescent royal dans un couloir du Louvre... La narration ici s'interrompt, le temps que l'affaire se fasse. Deux heures plus tard, la Borgnesse de retour auprès de sa souveraine lui assure que tout est sous contrôle, en même temps que son contraire, et que le futur roi engendrera une très nombreuse descendance.

Voilà Cateau devenue baronne, son mari baron, et tous deux propriétaires d'un terrain sur lequel elle fait construire un somptueux hôtel particulier que l'on peut encore voir aujourd'hui au 68 de la rue Miron à Paris.

L'initiation a été pratiquée avec une telle efficacité que le bénéficiaire Louis-Dieudonné va reproduire l'expérience sans limites et sans scrupules, ainsi que nous le fait savoir sa belle-sœur la Princesse Palatine dans l'une de ses lettres : « Il poussait la galanterie jusqu'à la débauche ; tout lui était bon, pourvu que ce fussent des femmes, les paysannes, les filles de jardiniers, les femmes de chambre, les dames de qualité. »

Heureux et comblé dans ses amours, Louis XIV n'oubliera jamais la baronne Catherine la Borgnesse qui, jusqu'à sa mort à 75 ans, en 1689, conservait le privilège d'approcher le roi quand elle le voulait, comme elle le voulait, au grand dam des courtisans qui, contrairement à leur souverain, n'avaient jamais eu leur part de Cateau !

30

Marie et son roi de cœur (1658-1670)

Il fut un temps où, les Pays-Bas étant espagnols, toute expansion française vers le nord-est provoquait conflits et batailles. En 1658, afin de repousser une fois encore l'Espagnol, les Anglais et les Français font alliance. La bataille a lieu près de Dunkerque le 14 juin. Les Franco-Anglais sont vainqueurs.

Après la bataille, les eaux croupissantes des marais environnants indisposent puis terrassent le jeune roi Louis XIV. Il délire, la fièvre le plonge dans un tel état de torpeur qu'une terrible nouvelle parvient à Versailles : le roi Louis XIV est mort !

Le clan de Philippe d'Orléans, frère du roi, jubile et se voit déjà installé aux manettes du pouvoir ! Pour l'entourage de Louis XIV, c'est le désespoir !

Mais non ! Le roi n'est pas mort ! Il a résisté aux traitements barbares – saignées, lavements... – qui lui ont été administrés pour combattre cette fièvre typhoïde dont il réchappe.

La jeune et jolie Marie Mancini, 19 ans, nièce du cardinal Mazarin, a suivi Louis dans cette expédition. Pendant tout le temps de ce péril de mort, elle pleure. Elle pleure le jour, elle pleure la nuit, elle pleure sans cesse au point que le royal convalescent l'apprend.

Il invite Marie près de son lit. Elle le distrait, elle l'amuse, elle lui raconte les potins de la cour, enjouée toujours, et toujours brillante par sa culture. Le cœur de Louis s'enflamme pour Marie, au désespoir de sa sœur Olympe Mancini, l'élue du jeune roi avant cette maudite fièvre typhoïde.

Marie est-elle amoureuse ? Assurément ! Elle l'était depuis longtemps du monarque séduisant, à la haute taille élégante. Et comment Marie imagine-t-elle son avenir ? Eh bien, tout simplement avec une couronne sur la tête ! Marie Mancini, reine de France !

Holà, holà, crie l'oncle Jules Mazarin que soutient en cette affaire la reine Anne d'Autriche, maman du grand amoureux ! La reine de France sera espagnole, un point c'est tout, car la France et l'Espagne ont besoin de faire la paix !

Marie et Louis sont au désespoir. Leur dernière entrevue à Lyon est déchirante. Ils ne se reverront jamais ! Louis pleure le jour, pleure la nuit, pleure sans cesse… Mais il s'en remet.

Lorsque, douze ans plus tard, Jean Racine cherche un argument pour écrire une nouvelle tragédie, il se rappelle l'histoire que voici : l'empereur romain Titus, amoureux fou de Bérénice, avait renoncé à cette passion, car, pour devenir empereur, il devait épouser une Romaine et non une princesse descendante d'Hérode le Grand – Bérénice est juive.

On se rappelle ces vers de la scène 5 de l'acte IV, dans la tragédie qui a pour titre le nom de l'amante abandonnée, Bérénice :

Dans un mois, dans un an, comment souffrirons-nous,
Seigneur, que tant de mers me séparent de vous ?

On connaît moins l'alexandrin qui bouleversa le roi lors de la première représentation de *Bérénice*, au point qu'il fondit en larmes au souvenir de son premier amour véritable, lui qui, à l'imitation de Titus, avait sacrifié sa passion pour la raison d'État :

Vous êtes empereur, Seigneur, et vous pleurez !

Ce sont les termes mêmes que Marie avait employés lors de leur dernière étreinte, ou presque, car les témoins (discrets) entendirent ceci : « Vous êtes roi, vous pleurez, et je pars. » À deux syllabes près, c'est du Racine ! Quelques années plus tard, Louis XIV intégrait le dramaturge dans son premier cercle d'intimes. Et l'on croit savoir que, de temps en temps, sous les ciels gris de la mélancolie, ils parlaient de Marie.

XVIIIe siècle

31

« Caillette », Louis XV et la petite Murphy (1751-1814)

Marie-Louise ! Éclatante de beauté, Marie-Louise O'Murphy, née en 1737, quatrième fille d'émigrés irlandais ! Un père bottier, une mère qui s'enrichit en proposant la virginité toute neuve de ses filles dans les maisons louches où s'approvisionnent de riches bourgeois – nous sommes en 1751. Marie-Louise, fine, élégante, souriante, toujours enjouée, aime fréquenter l'Opéra-Comique où l'une de ses sœurs la présente au peintre François Boucher. Du portrait qu'il en fait émane un tel charme intense et lumineux que le roi Louis XV, auquel est présenté le tableau, demande à rencontrer le modèle. Guillaume Lebel, son premier valet, trouve Marie-Louise dans un couvent où elle apprend les bonnes manières avant d'être lancée dans le monde.

La rencontre discrète entre le monarque et la petite Murphy, bientôt surnommée « Morphise » par les courtisans, a lieu à Versailles au cours de l'été 1752. À cette époque, le roi demeure plus que jamais dépressif : il est taciturne, redoute la maladie, fuit le monde et ne se rassure qu'en petit comité.

Celle qui le connaît le mieux, le soutient, le comprend et lui évite de sombrer s'appelle Mme de Pompadour ; on la surnomme « Caillette » et elle est souvent moquée à la cour à cause de ses origines bourgeoises.

La petite Morphise arrive à point nommé. En effet, à cause de problèmes de santé, la marquise de Pompadour a dû interdire sa chambre au roi dès 1750. Mais d'ordinaire, c'est elle qui lui présente les « petites maîtresses », capables de satisfaire l'appétit sexuel du quinzième des Bourbons, fidèle à leur réputation. Pour Morphise, Guillaume Lebel s'est chargé du recrutement, ce qui contrarie vivement la marquise quand elle l'apprend.

La jeune fille est installée dans le Parc-aux-Cerfs, une propriété voisine du château, à Versailles. Louis XV est attendri par la candeur de Marie-Louise, par son naturel. Il entreprend de compléter son éducation, il lui apprend l'écriture, la lecture. Elle fait des progrès si rapides qu'elle s'intéresse bientôt aux œuvres de Voltaire, à la musique, à la danse. Plus encore, elle exerce un tel ascendant sur le roi que celui-ci en vient à décommander d'importants rendez-vous. On chuchote à la cour que

Morphise l'a envoûté, qu'elle pourrait bientôt évincer Caillette et, maîtresse officielle, s'installer au palais. D'ailleurs, soutenue par les ennemies de la marquise, elle s'enhardit auprès du roi et lui demande un jour de chasser celle qu'elle appelle « la vieille », c'est-à-dire Mme de Pompadour ! Erreur fatale ! Une nuit de juin 1755, à 4 heures du matin, on vient réveiller Morphise, elle est chassée du Parc-aux-Cerfs, renvoyée à Paris ! Est-ce une vraie disgrâce pour Marie-Louise ? Pas tout à fait : le roi lui choisit un mari, la couvre de bijoux et lui offre une somme d'argent considérable. Il ne cesse par la suite de prendre de ses nouvelles. Davantage même : il semble qu'en 1768, l'enfant que met au monde Marie-Louise a pour père Louis XV tant les bienfaits pleuvent sur le nouveau-né et sa mère devenue la comtesse de Flaghac.

En 1774, Louis XV meurt de la variole. Marie-Louise vivra beaucoup d'autres amours, aura bien d'autres amants, accumulant jusqu'à sa mort en 1814, à 77 ans, une fortune considérable. Sa fille en hérite, se marie, et qui donc épouse-t-elle ? Constant d'Étioles, le beau-fils de Mme de Pompadour ! Tout simplement !

32

Jeanne Du Barry, la dernière passion de Louis XV

(1770-1793)

« Quelle est donc la charge, la responsabilité de cette dame ? »

Le 14 mai 1770, celle qui pose cette question, avec une moue où se mêlent la surprise et le dédain, s'appelle Marie-Antoinette de Habsbourg-Lorraine ; née le 2 novembre 1755 à Vienne, archiduchesse d'Autriche, princesse impériale, elle est l'avant-dernière des seize enfants de l'impératrice Marie-Thérèse et de François Ier de Habsbourg, empereur du Saint Empire dont la fondation remonte à Charlemagne !

La « dame », de la charge de laquelle la princesse s'inquiète, s'appelle Jeanne Bécu, elle est sortie du ruisseau dont la fondation remonte à la nuit des temps.

Par quel mystère, quel sortilège, ces deux-là, celle du plus haut rang, celle du bas étage, se trouvent-elles face à face, d'égale à égale, dans le même cadre somptueux du château de la Muette à Paris ?

Le sortilège, la diablerie ou l'enchantement s'appelle l'amour. Il faut cependant apporter quelque bémol à cette confrontation qui repose sur la légende du passé de Jeanne.

Même si son origine lointaine passe par quelque ruisseau du côté de sa mère, lingère, son père n'est autre qu'un fort riche receveur général de l'Hôtel de Ville – et non un pauvre curé défroqué qu'on a inventé pour charger la barque de la misère.

Cela posé, on gravit un degré vers la vraisemblance d'un amour qui unit sous les yeux ébahis de la jeune Marie-Antoinette, 15 ans, cette Jeanne Bécu, dite comtesse Du Barry, 27 ans, et le roi Louis XV, 60 ans.

Quoi ? Trente-trois ans d'écart entre cette favorite qui a pris la place de la reine Marie Leszczynska, morte en 1768, et celle de Jeanne-Antoinette Poisson – en plus ronflant : la marquise de Pompadour – qui, de 1745 à 1751, avait eu la mainmise sur son amant Louis XV et sur la France en même temps !

C'est décidé : Marie-Antoinette qui le lendemain 15 mai doit épouser le dauphin, futur Louis XVI, n'adressera jamais la parole à cette... cette femme dont la beauté sans égale et la grâce la révoltent, elle que marquent certains contours appuyés dans l'allure ou le visage.

Depuis combien de temps Louis XV le taciturne intelligent, le solitaire, le farceur aussi qui aime passer devant un courtisan en lui écrasant le pied, depuis quand a-t-il succombé au charme de Jeanne Bécu ? Jeanne maîtresse du comte et fort libertin Jean Du Barry ? Jeanne que ce Jean fait épouser à son frère Guillaume, mariage blanc destiné à franchir les portes de la cour, puis celles de la chambre du roi, afin d'obtenir privilèges et pensions ?

L'amour royal dure sans doute depuis 1767. Louis XV dans son ivresse amoureuse n'hésite pas à scandaliser sa famille, la cour, la France et l'Europe en présentant au retour d'une chasse, dans son grand cabinet, sa nouvelle maîtresse officielle, Jeanne, vêtue de satin blanc brodé de fils d'or.

Les deux amoureux ne vont guère se quitter, les affaires d'État pour le roi passent souvent après le divertissement intime. Les sommes qu'il accorde à Jeanne affolent les ministres et comblent les joailliers, les chapeliers, les coiffeurs, les tailleurs, tout ce que le plus grand luxe peut fournir à cette dépensière de légende à laquelle ni Marie-Antoinette, ni les filles du roi, ni la noblesse pure et dure n'adresse un seul mot, un seul regard.

Se sent-elle délivrée du carcan de Versailles lorsque le roi meurt de la variole le 10 mai 1774 ? Peut-être. Interdite de cour, elle se retire dans une abbaye, puis achète le château de Louveciennes où elle va vivre jusqu'en 1789, dépensant des sommes folles. La Révolution survient avec son slogan au rythme ternaire conquérant : liberté, égalité, fraternité.

Le deuxième terme seul va rassembler enfin la maîtresse Jeanne et la reine Marie-Antoinette. Les révolutionnaires enragés l'utilisent de façon inhumaine et indigne : la même lame tranche le cou des deux femmes, dans le même lieu, à quelques semaines d'écart en 1793.

Les voilà unies pour toujours dans le silence qui les divisa, dérisoire abîme entre le fleuve du prestige et l'humilité du ruisseau. Car ce qui coule de l'un à l'autre, n'est-ce pas la même eau ?

33

Axel de Fersen et Marie-Antoinette, une dangereuse passion

(1773-1810)

19 novembre 1773. Depuis trois ans, le comte Axel de Fersen a quitté sa ville de naissance, Stockholm, afin d'effectuer son tour d'Europe, étape nécessaire pour tout aristocrate suédois afin de connaître le monde. Le grand monde plutôt, car seules les cours royales, les visites aux familles de prestige, vont permettre à ce fort beau jeune homme de 18 ans de se créer un réseau utile au roi Gustave III dont il est l'ami.

Ce n'est donc pas n'importe qui, cet invité présenté à la famille royale en ce soir de novembre à Versailles. Veste brodée, culotte de velours vert, bas de soie blancs, épée d'argent, l'allure élégante, et cette impression de perfection dans toute sa personne de haute taille, est-ce cela qui allume, peut-être pour la première fois, dans l'œil de la jeune dauphine Marie-Antoinette, qui vient elle aussi d'avoir 18 ans, la braise de la passion capable de tous les embrasements ? Peut-être.

Cette braise s'avive le 30 janvier 1774. Ce jour-là, Marie-Antoinette a entraîné la famille royale à Paris, au bal masqué de l'Opéra. On y remarque bientôt un couple qui prolonge bien au-delà du raisonnable une joyeuse conversation, presque intime. Lorsque les masques tombent, on reconnaît Marie-Antoinette et Axel de Fersen. À leur insu, ils viennent de donner naissance à une rumeur si puissante qu'elle serpente encore aujourd'hui dans toutes les imaginations : Marie-Antoinette et Axel de Fersen furent-ils amants ?

Et pourtant, au soir de ce bal, rien n'existe encore que cette rumeur qui va s'amplifier quatre années plus tard. Axel qui a poursuivi son tour d'Europe est de retour à Versailles, accueilli par cette exclamation enthousiaste de celle qui est devenue reine de France, Marie-Antoinette : « Ah ! C'est une ancienne connaissance », à la grande surprise de tous ceux qui devinent que la braise du souvenir devient soudain feu, et que l'incendie de la passion menace.

Avec sagesse, Axel décide d'aller prêter main-forte aux « Insurgents » d'Amérique, pendant que Versailles accumule toutes sortes de preuves attestant que sa fréquentation des petits salons de la reine s'est infléchie vers l'intime. En juin 1783, couvert de gloire, Axel est de retour, et ce prestige du guerrier vainqueur réactive d'intense façon la braise tempérée par les années d'absence.

Axel et Marie-Antoinette se retrouvent seul à seule quatre fois par semaine pour de longues promenades à cheval. En juillet, il annonce à sa famille surprise que jamais il ne prendra femme. Dans une lettre à sa sœur, il évoque, sans la nommer, la seule personne qu'il aime véritablement, et dont on devine l'identité, sans équivoque. Au début d'août 1784, il regagne la Suède.

Quelques mois plus tard, le 27 mars 1785, la reine donne naissance au futur Louis XVII. Et les langues vont bon train à la cour, et ailleurs, dans tout Paris : qui donc en est le père puisqu'on pense que Louis XVI n'honore presque plus son épouse ? 1789 : le raz de marée révolutionnaire emporte tout sur son passage, et ramène à Paris la famille royale qui ne reverra jamais Versailles. Fersen et Marie-Antoinette ne cessent de correspondre de façon codée.

Dans leurs lettres de passion, pour écarter tout soupçon, il lui donne pour prénom « Joséphine ». Lors de ses rares visites, il la persuade de tenter de fuir à l'étranger. C'est lui qui organise cette fuite, financée en partie par sa maîtresse Eleanore Sullivan (eh oui, cet homme possède un cœur immense), fuite qui échoue à Varennes, le 21 juin 1791, suivie d'un sinistre retour qui présage l'acte ultime de la tragédie : l'exécution du roi d'abord, le 21 janvier 1793, puis, la même année, celle de la reine, le 16 octobre – elle avait 37 ans.

Désespéré, Fersen repart pour la Suède où l'attend une fin atroce, le 20 juin 1810, à Stockholm : victime d'une cabale de succession, il est lynché d'horrible façon par des enragés qui le laissent mort, nu et en partie dépecé sur le pavé. Ainsi s'est achevé dans le sang le destin de deux amants dont l'amour souverain, affranchi de la barbarie humaine, nous laisse au cœur une étrange mélancolie.

34

Charlotte Corday, un amour de Lux

(1793)

Elle s'appelle Marie Anne Charlotte de Corday d'Armont. En plus court : Charlotte Corday. Elle est née à Saint-Saturnin-des-Ligneries, dans l'Orne. Si l'on remonte sa généalogie jusqu'à la cinquième génération, on trouve le grand Corneille ! Oui, Pierre Corneille, l'auteur de la tragi-comédie *Le Cid*, surnom donné au fringant Rodrigue qui provoque en duel et en paroles celui qui a déshonoré son père en le giflant : « Mes pareils à deux fois ne se font point connaître, / Et pour leurs coups d'essai veulent des coups de maître. » Et, d'un seul coup d'épée, Rodrigue tue le gifleur !

Est-ce, à son insu, les vers écrits par son ancêtre qui vont guider la main de Charlotte, le 13 juillet 1793 à Paris ? Nous l'allons voir tout à l'heure !

Il s'appelle Jean-Paul Marat. Il est né en Suisse, près de Neuchâtel. Le 13 juillet 1793, il a 50 ans et 50 jours. Devenu médecin en autodidacte, il a vécu en France, puis en Angleterre. Entre le trouble, le bizarre et l'inquiétant au fil de ses années, le voici révolutionnaire enragé qui publie un journal largement répandu dans toute la France : *L'Ami du peuple*.

Drôle d'ami qui conseille à ses lecteurs, en 1792, d'identifier 40 000 ennemis de la Révolution, et de les tuer ! Quelques semaines plus tard, ce nombre passe à 300 000 !

Non, décidément non, se dit Charlotte, non, la Révolution qui veut le bien du peuple ne peut devenir le repaire d'abominables massacreurs, Marat à leur tête ! Et que décide-t-elle, Charlotte qui n'a pas encore 25 ans ? Elle va partir de Caen, le 9 juillet, pour arriver à Paris le 11. Le 13, elle achète un long couteau de cuisine qu'elle cache dans son corsage avant d'entrer chez Marat, prétextant qu'elle va lui donner une liste d'ennemis de la Révolution.

Marat, au sourire sardonique, macère dans l'eau soufrée de sa baignoire afin de soigner une horrible maladie de peau. Charlotte s'approche, sort son couteau et le plante dans la poitrine du massacreur ! Marat est mort !

Eh bien, Charlotte, pour un coup d'essai, c'est un coup de maître !

Oui mais… Quatre jours plus tard, condamnée à mort, Charlotte l'élégante, la séduisante Charlotte à la silhouette gracieuse, revêtue de la grande chemise rouge des assassins, quitte en charrette la prison de la Conciergerie pour atteindre la place de la Concorde où l'attend la guillotine.

Avez-vous remarqué dans la foule qui crie ses lâches insultes, un seul visage serein, ébloui, celui d'un être qui se fraie un passage au plus près du convoi ? Il ne quitte pas des yeux celle dont il est tombé fou amoureux lors du procès, et qui, dans deux heures, ne sera plus ! Charlotte, ô Charlotte !

Entre le sanglot qui lui serre la gorge et la projection rêveuse de ce qu'eût été sa vie sans cette odieuse époque, Adam, Adam Lux – c'est le nom de ce jeune homme de 27 ans –, et Charlotte auraient connu l'amour le plus pur, le plus fou, c'est sûr ! Mais la charrette arrive place de la Nation – de la Concorde aujourd'hui.

Il est presque 19 heures. Le couperet de la guillotine tombe. Charlotte n'est plus. Mais si, Charlotte vit, resplendit dans le cœur d'Adam qui va tant chanter les louanges de sa bien-aimée qu'il va être arrêté une semaine plus tard. Lorsque la porte de la prison se referme sur lui, radieux, il s'exclame : « Bonheur… je vais mourir comme Charlotte ! » C'est ce qui arrive le 4 novembre 1793, malgré toutes les tentatives du juge pour le sauver.

Quelques jours avant son exécution, il écrit, à propos de sa bien-aimée : « Yeux charmants qui auraient dû émouvoir les rochers ! Souvenir unique et immortel ! Regard d'un ange qui pénètre mon cœur ! Émotion dont la douceur ne s'effacera qu'à mon dernier soupir ! »

Si vous flânez près du parc Monceau à Paris, vers la rue du Rocher, sachez que vos pas foulent la terre où repose Charlotte Corday, et que, près d'elle, on déposa le corps de son amant magnifique, Adam Lux ! Étranges et bouleversantes noces de sang !

35

André Chénier et la jeune captive, entre ferveur et passion

(1794-1820)

25 juillet 1794. Le responsable de la charrette des condamnés attend dans la cour de la prison de Saint-Lazare à Paris. De temps à autre, son cheval attelé trompe son impatience en frappant de ses fers les pavés disjoints. Le spectacle des hommes qui vont exécuter d'autres hommes étonne toujours la bête dont les oreilles repliées trahissent une sorte d'épouvante à l'écoute des cris et des pleurs de ceux qui partent vers le rasoir national, la guillotine !

Parmi eux, un jeune homme au large front, à la chevelure bouclée, abondante, même si elle a déserté le sommet de son crâne. Son visage n'est marqué d'aucune émotion, il semble concentré, étranger à l'agitation qui l'entoure. Et pourtant, place du Trône-Renversé – de la Nation aujourd'hui –, il va être guillotiné ! Son nom ? André Chénier, 31 ans.

Il est né à Constantinople en 1762. À l'âge de 3 ans, il est arrivé en France. Au collège de Navarre à Paris, il a noué des relations avec des fils de grandes fortunes, des jeunes filles de fortune… Belle vie sans souci si ce n'est cette gravelle, ces calculs qui le font souffrir et le mettent plusieurs fois au seuil de la mort. Qu'importe, on vit, on se distrait, on écrit pour les journaux. Chénier se fait poète !

La Révolution survient. Chénier est enthousiaste. La Terreur surgit. Chénier est indigné ! Il le pense, il le dit et s'allie avec ceux qui veulent épargner la vie de Louis XVI menacé de guillotine. Parmi eux, José Ocariz, ancien ambassadeur d'Espagne, qui a tenté de corrompre l'Assemblée chargée de voter la mort du roi. Échec. Il a fui. Sa maîtresse, Émilie d'Estat, est restée à Paris.

Chénier est surpris à son bras en mars 1794, il sait que s'il ne dit rien, elle court à l'échafaud. Alors il distrait les soutiers de la police : la belle a le temps de fuir. Et c'est lui, le poète André Chénier, qui s'en va à sa place dans la prison de Saint-Lazare. Après l'assassinat de Marat en 1793, il avait écrit une ode à Charlotte Corday et multiplié les écrits contre la Terreur. Son compte est bon.

Dès qu'elle est arrivée dans la prison de Saint-Lazare, il l'a remarquée, et ne l'a pas quittée de ses yeux de poète ! Aimée ! Aimée de Coigny, considérée comme suspecte ! Ses 22 ans paraissent inadmissibles dans cette antichambre de la mort.

Mariée au duc de Fleury en 1784 – ils n'avaient que 15 ans tous les deux –, elle s'est bien vite émancipée des liens de la fidélité, a collectionné les amants, jusqu'à trouver le meilleur : le beau Casimir de Montrond, emprisonné lui aussi. « Bel homme à l'air avantageux » est la mention qu'on trouve sur son passeport. Signe particulier : le petit doigt de sa main droite, toujours gantée, prend directement naissance à son poignet.

Aimée, la plus belle qui fût, d'esprit et de corps, charme tous ceux qui l'approchent à Saint-Lazare, fascine notre Chénier, notre poète qui va confier au papier son amour fou et sans espoir pour cette perfection destinée à la mort. Elle devient pour lui « La Jeune Captive », bouleversante ode en neuf strophes qui commence ainsi :

L'épi naissant mûrit de la faux respecté ;
Sans crainte du pressoir, le pampre tout l'été
Boit les doux présents de l'aurore ;
Et moi, comme lui belle, et jeune comme lui,
Quoi que l'heure présente ait de trouble et d'ennui,
Je ne veux point mourir encore.

Bouleversante et sûrement efficace : Aimée ne va pas mourir sur l'échafaud. Avec son Casimir, elle a soudoyé un gardien, et leur exécution est reportée. Ils sortent libres après la chute de Robespierre, divorcent en 1802. Montrond devient un proche de Talleyrand, complice de tous ses mauvais coups.

Aimée retrouve le grand monde, entre autres celui de Napoléon qui, la rencontrant lors d'une soirée mondaine, lui lance : « Madame de Coigny, aimez-vous toujours autant les hommes ? — Oui, Sire, surtout s'ils sont bien élevés. » Et pan dans les dents, petit caporal ! Elle meurt en 1820, sans avoir jamais su que le 25 juillet 1794, en même temps qu'André Chénier, elle entrait dans l'histoire.

XIXe siècle

36

Louis XVIII et son doux amour pour Zoé du Cayla (1804-1852)

« Il n'est si bonne compagnie qui ne se quitte enfin, disait le roi Dagobert à ses chiens. » Telle est la phrase malicieuse prononcée par le roi Louis XVIII alors qu'il donne congé à l'actrice Marie-Thérèse Bourgoin. Celle-ci, que les hommes effrayaient si peu qu'elle avait même été la maîtresse du tsar Alexandre Ier en 1809, avait proclamé haut et fort son admiration pour les Bourbons. Et Louis XVIII, flatté, l'avait invitée.

Selon les témoins de l'époque, très discrets, le roi la fit asseoir près de lui, et pendant plus d'une demi-heure, il s'en était rapproché, la mignotant, la câlinant, la cajolant puis la caressant, la baisotant de façon étendue, mais toujours dans une certaine retenue ambiguë.

C'était pour ce roi ventripotent, goutteux, dont le trône s'était peu à peu transformé en fauteuil roulant, une version minimale des grandes manœuvres de l'amour physique, la seule qu'il pût pratiquer. Car – on le découvrit lors de son autopsie – son prépuce était si resserré que jamais il n'avait pu accéder au plaisir et à la procréation. Son frère, Louis XVI, atteint de la même malformation, avait accepté l'opération et il était devenu père.

Pourtant, les femmes se succédaient auprès de ce roi qui, disait-on, aimait aussi les hommes. Bien sûr qu'il les aimait, notamment le président du Conseil, Élie Decazes, qu'il avait l'habitude d'embrasser sur le front devant tous ses ministres lors de leurs réunions.

Mais ce n'était, pour les femmes ou les hommes, qu'amour platonique mêlé de paternalisme, assaisonné d'attendrissements démonstratifs ouvrant la voie à toutes sortes d'interprétations. Et ces interprétations, toutes pleines de sous-entendus, ne cessèrent jamais, jusqu'à la dernière favorite du monarque podagre : Zoé Victoire Talon, née en 1785, mariée en 1802 au comte Achille du Cayla, mère, en 1806, d'une petite Valentine issue d'une aventure extraconjugale.

En 1804, Antoine Talon, père de Zoé, agent des Bourbons, est arrêté sur ordre de Bonaparte. À l'issue de son procès, il est condamné à mort. Zoé se traîne alors à genoux et en pleurs devant le ministre de la Police de l'empereur, Jean Marie Savary. Elle sanglote avec une telle conviction, une telle perfection que le cœur de Savary est touché, son corps aussi : Antoine Talon ne sera pas exécuté. Et Zoé accouchera plus tard d'un petit Savary prénommé Ugolin, mais nommé du Cayla, car le comte n'est pas regardant pour les passades de sa femme.

Ou du moins, il ne l'est pas jusqu'en 1817 où il réclame la garde des enfants qui pourtant ne sont pas les siens. Sa demande est tout près d'aboutir lorsque Zoé court aux Tuileries, demande une audience au roi Louis XVIII qui la reçoit, la fait asseoir près de lui, et, peut-être dès cette première rencontre, la mignote, la câline, la cajole... On connaît la suite.

Zoé obtient la garde de ses enfants et, par surcroît, celle du roi, car celui-ci, séduit par l'esprit, l'élégance, l'allure princière de la comtesse, sa parole abondante, piquante, spirituelle et son rire éclatant, décide qu'elle sera sa dernière favorite. « Faire plaisir à ma fille chérie est mon seul bonheur », déclare-t-il. Il la comble de cadeaux, de châteaux, d'hôtels particuliers.

Fille, femme, amante, confidente, Zoé s'accommode fort bien de ces rôles multiples. Elle ne se contente pas d'être caressée ou baisotée, mais acquiert une telle influence auprès du monarque qu'on la considère comme un relais déterminant dans toutes les décisions politiques, les disgrâces de ministres par exemple.

Louis XVIII meurt en 1824. Zoé, éplorée juste ce qu'il faut, entame alors une seconde vie, agricole celle-là, car sa fortune lui permet d'élever toutes sortes d'animaux domestiques jusqu'à sa mort en 1852, des dindons, des oies, des moutons entre autres qu'elle affectionne, toute une petite cour gloussante, cacardante, bêlante, métaphore de toutes les grandes cours qu'elle avait connues.

37

Napoléon, le grand chagrin d'amour de Désirée Clary

(1794-1860)

1794. La Révolution française, qui avait d'abord marché au pas, s'est mise au trot pour accélérer les réformes. Puis est arrivé le galop fou de la Terreur. À Marseille, deux envoyés de Paris, Fréron et Barras, créent la « commission Brutus », reposant sur la loi des suspects. Sont considérés comme suspects ceux qui n'ont rien fait contre la liberté, mais qui cependant n'ont rien fait pour elle non plus.

En deux mois, sur 219 personnes jugées, 123 sont guillotinées. Qui sont-ils ? Des négociants à l'immense fortune ! Et que devient cette fortune après l'exécution des fortunés ? Eh bien, elle est versée sans scrupules dans les caisses de la République toute neuve. Ainsi le représentant en mission dans les Bouches-du-Rhône peut-il écrire à la Convention : « La guillotine a expédié hier et aujourd'hui 43 scélérats qui ont laissé à la République près de 30 millions. »

L'un des guillotinés de ces temps d'horreur s'appelle Hugues l'aîné. Aimé et respecté dans Marseille, il est cependant condamné à mort pour les raisons qu'on devine. Il a 84 ans, gravit péniblement les marches de l'échafaud, l'expression de sa détresse marque à jamais un spectateur de cette abominable exécution : Napoléon Bonaparte.

Mais que faisait donc à Marseille Napoléon déjà général de brigade à 24 ans après son coup d'éclat lors de la reprise de Toulon aux Anglais en 1793 ? Eh bien, il faisait la cour à une jeune et séduisante Désirée Clary qui le lui rendait bien, admirative de son soupirant qu'elle devinait prêt à tout pour la conquérir et pour, éventuellement, conquérir le monde.

Désirée avait une sœur, Julie. Avant l'arrivée de Napoléon dans la famille Clary, c'est son frère aîné, Joseph, commissaire de la Convention, qui s'était promis à Désirée.

Mais Napoléon était arrivé, avait observé – son frère, les deux sœurs – et décidé, ainsi que le rapporte Désirée dans ses Mémoires : « Dans un bon ménage, il faut que l'un des deux cède à l'autre. Toi, Joseph, tu es d'un caractère indécis, et il en est de même de Désirée, tandis que Julie et moi nous savons ce que nous voulons.

Tu feras donc mieux d'épouser Julie. Quant à Désirée, ajouta-t-il en me prenant sur ses genoux, elle sera ma femme. »

C'est clair, net et militaire ! Désirée, ravie, est fiancée à Napoléon le 21 avril 1795, Joseph a épousé Julie l'année précédente. Ce 21 avril, Mme Clary grommelle entre ses dents : « J'ai déjà bien assez d'un Bonaparte dans ma famille ! » Elle est sûre que ces Corses sont surtout attirés par sa fortune.

Cela jette un froid dans l'ambiance matrimoniale de l'orageux été 1795 où éclate un coup de foudre : Napoléon, pour la première fois, rencontre Joséphine de Beauharnais qui sans doute se retrouve elle aussi sur ses genoux et deviendra impératrice !

Que faire ? Le futur empereur se fend alors d'une lettre de rupture, mais jamais il n'oubliera Désirée qui, désespérée, la mort dans l'âme, va épouser Jean Bernadotte fait maréchal d'Empire en 1804 par l'empereur tout neuf.

Bernadotte aux actions mitigées lors des grandes batailles napoléoniennes.

Bernadotte choisi en 1810 pour devenir roi de Suède.

Bernadotte qui participe à la grande bataille de Leipzig en 1813, contre Napoléon !

Devenue reine de Suède, Désirée séjourne le plus souvent à Paris où, de dépit, elle vit quelques aventures amoureuses. Les années passent, les régimes se succèdent. Dans le cœur de Désirée, l'amour demeure pour son Napoléon qu'elle se reproche de n'avoir pas su retenir.

En 1795, elle lui avait écrit : « Ta pensée me suit partout et me suivra jusqu'au tombeau. » Cette pensée fidèle se trouve donc aujourd'hui dans la chapelle Bernadotte à Stockholm où repose Désirée qui y rendit l'âme le 17 décembre 1860, à 83 ans.

38

Ô Marie, si tu savais (1807-1817)

On imagine sans peine l'empereur Napoléon Ier sur les champs de bataille, le corps tout en raideurs saccadées sur son cheval.

On l'imagine moins dans une soirée de gala, s'avançant sur le parquet lisse et invitant une jeune beauté à entamer une contredanse.

Napoléon tournant lentement sur lui-même, se dandinant les bras en l'air, unis à ceux de sa cavalière ? Voilà pourtant le spectacle dont furent témoins les invités au grand bal rassemblant la haute société, qui eut lieu à Varsovie le 17 janvier 1807.

Dès le lendemain, la *Gazette de Varsovie* rapportait : « Sa Majesté l'Empereur a invité l'épouse du chambellan Anastase Walewski à danser. »

Qui donc est cette épouse pour que la *Gazette* s'y intéresse à ce point ? Elle s'appelle Marie Walewska. Laissons un de ses contemporains la décrire : « Elle était blonde, elle avait les yeux bleus et la peau d'une blancheur éblouissante. Une teinte légère de mélancolie répandue sur toute sa personne la rendait plus séduisante encore. »

Et voilà que l'empereur lui-même en tombe amoureux ! Oui mais... Marie est mariée depuis quatre ans. À 17 ans, en sortant du couvent, elle a dû accepter d'épouser le comte Walewski, 68 ans ! Cinquante années les séparent !

Comment donc en est-elle arrivée à cette proximité avec un Napoléon toujours prêt à s'enflammer ?

C'est que nous sommes en Pologne, ou plutôt nous ne sommes plus en Pologne : en effet, ce vieux pays a été rayé de la carte en 1795 par le partage que s'en sont fait la Russie, la Prusse et l'Autriche. Marie fait partie de ceux qui rêvent de voir renaître une Pologne libre et puissante. Et qui donc pourrait transformer ce rêve en réalité sinon le grand, l'immense Napoléon, si fort quand tonne le canon, si faible quand passe un jupon !

Au lendemain du bal, Marie reçoit ce message : « Je n'ai vu que vous, je n'ai admiré que vous, je ne désire que vous ! »

Marie refuse, Marie résiste, elle en appelle à sa famille, à son mari... Et que lui répondent-ils, tous ? « Cède, accepte, et notre pays renaîtra ! »

Alors l'idylle entre Marie et l'empereur peut commencer. Dans un immense château, loin des soucis militaires, Napoléon vit un printemps de douceur et d'amour auprès de celle qui découvre alors, à travers les confidences qu'il lui fait, un homme souvent seul, aux limites de lui-même face à ses écrasantes responsabilités.

Marie n'oublie jamais sa Pologne et fait tout pour que son impérial amant lui donne la flamme du renouveau. C'est ce qui arrivera au traité de Tilsit, signé en juillet 1807 entre Napoléon, les Russes et les Prussiens, et dont l'une des décisions crée le grand-duché de Varsovie.

Le destin de l'empereur va le conduire en 1810 vers Marie-Louise d'Autriche qu'il épouse afin de s'assurer une stabilité politique et une descendance. Mais il n'oubliera jamais Marie la Polonaise, fidèle au point d'aller le retrouver à l'île d'Elbe en 1814 afin qu'il voie le fils qu'il lui avait donné : Alexandre.

Ce fut leur dernière entrevue. Marie meurt le 11 décembre 1817, à 31 ans, des suites d'un accouchement difficile. Elle avait épousé en 1816 un cousin de Napoléon, le comte d'Ornano.

Elle avait eu le temps de dicter ses Mémoires où figure la version politique de son aventure : « Ma liaison avec l'empereur fut un sacrifice à mon pays. » Quant au reste, on sait que jamais ne s'acheva leur printemps de rêverie, à Varsovie.

39

Charles-Ferdinand et Marie-Caroline : ils firent beaucoup d'heureux !

(1816-1820)

« Avec quelle impatience je vous attends. Que de plaisir je prendrai à vous rendre heureuse. Je pense avec chagrin qu'il faut attendre encore trois semaines. Je chasse souvent dans la forêt de Fontainebleau, à l'endroit où je vous verrai pour la première fois, et mon cœur bat très fort en y pensant ! »

Ce beau message d'amour, écrit le 23 mai 1816, est signé Charles-Ferdinand, duc de Berry, 38 ans. Il a hâte de rencontrer celle qu'on lui a choisie pour épouse, Marie-Caroline de Naples, 18 ans, petite-nièce de la reine Marie-Antoinette.

Mais pourquoi donc ces deux-là doivent-ils unir leurs destinées ? Eh bien, en cette année 1816, le roi régnant, Louis XVIII qui a 60 ans, n'a pas de descendance. Aussi, c'est à son neveu, le duc de Berry, qu'il confie la tâche de perpétuer la race des Bourbons. Voilà pourquoi le duc piaffe de la plume en attendant la princesse promise, Marie-Caroline.

Nous sommes le 15 juin 1816, trois semaines après la lettre d'impatience. Le carrefour évoqué porte le nom de Saint-Herem. Un immense tapis a été déployé sur l'herbe. Une foule ordonnée, chamarrée, sérieuse voit arriver le carrosse de la princesse qui en sort vive comme un ressort et court s'agenouiller aux pieds du roi ! Voyons, Marie-Caroline, ce n'est pas du tout ce qui était prévu ! Mais personne ne lui en fait la remarque tant sa spontanéité a charmé et fait sourire. Le duc de Berry est ravi de découvrir cette princesse dont il était très épris par correspondance, et qui l'enflamme de son regard tendre et doux.

Enfin... Donnons quelques précisions concernant son regard et sa personne selon un témoin du temps : « La princesse louche d'un œil, elle marche mal avec les pieds en dedans, ce qui donne à sa petite taille une gaucherie que sauve sa souriante jeunesse. » C'est franc, direct, sans concession, et somme toute, très honnête.

Pour Charles-Ferdinand, le général Thiébault, héros d'Austerlitz, nous livre un portrait inspiré de la même franchise : « L'allure vulgaire du duc le fait ressembler à un garçon d'écurie. Sans élégance, il est petit, fait sonner ses talons comme un artilleur. Sa tête rougeaude, aux traits grossiers, semble plantée, sans cou, dans ses épaules. Il jure comme un charretier, se met en colère pour un rien, rappelant à chaque instant son état d'altesse royale. De plus, ce courcur de jupons a semé, au fil des pays dans lesquels il a suivi les émigrés, une descendance d'une demi-douzaine d'enfants avec une fille de pasteur, deux comédiennes, et quelques autres anonymes, sans compter ses liaisons avec des grisettes ou gourgandines de passage. »

Et pourtant, deux jours plus tard, le 17 juin, Charles-Ferdinand et Marie-Caroline se marient à Notre-Dame !

Quel choc, n'est-ce pas ! Cette vision de la princesse et du prince déroge aux codes habituels des contes de fées où on les découvre éblouissants de beauté, prêts à vivre de grandes amours de légende. Eh bien, malgré tout, Marie-Caroline et Charles-Ferdinand vont vivre une belle histoire d'amour, une passion simple et sans tache, jusqu'à ce jour du 13 février 1820 où, à la sortie de l'Opéra, un soir, le prince est assassiné. Marie-Caroline, enceinte, donnera naissance au futur comte de Chambord qui refusera de monter sur le trône de France.

Mais, lorsqu'on en revient à ce 17 juin 1816, alors que tout Paris acclame le prince et la princesse, que le vin coule à flots au coin des rues, que trente-six carrosses les conduisent aux Tuileries, qu'on remarque leur regard émerveillé comme celui de bambins, on peut conclure ainsi ce jour féerique : ils vécurent enfants, et firent beaucoup d'heureux !

40

L'incroyable histoire de Louise et Charles X (1780-1821)

Élégant et drôle, insolent et facétieux, insupportable, dépensier, noceur, prince de la ribote ! Tel est Charles, comte d'Artois, né en 1757, frère de Louis XVI. Charles se distingue très tôt par ses écarts de toutes sortes, sa conduite scandaleuse. Ainsi, en 1774, lors du sacre de son frère, il multiplie les provocations sous les regards furieux et effarés des invités. Et quel séducteur ! Femmes du monde, du demi-monde, actrices, servantes, boutiquières sont séduites, abandonnées... Il en est une cependant qui l'adore, ce Charles extravagant, c'est sa belle-sœur Marie-Antoinette ! Un jour, lors d'une promenade au bois de Boulogne, elle lui lance le défi d'y construire un château et son parc en trois mois. Pari tenu grâce à neuf cents ouvriers travaillant jour et nuit. En six semaines, le château de Bagatelle est prêt à accueillir la foule des invités du prince, et surtout la reine Marie-Antoinette, entourée de sa suite, émerveillée !

C'est au milieu de cette suite que se trouve l'incroyable tournant que va prendre le destin du bambocheur invétéré qu'est Charles d'Artois dont on a deviné qu'il deviendra en 1824 le roi de France Charles X.

Demeurons pour l'instant en 1780. Dans l'atmosphère toujours festive qu'affectionne la reine, un soir de printemps, Charles, invité au Petit Trianon, croise un regard qui le tétanise. C'est un regard tendre et doux, au charme fou, un regard si distant, si sage, si éloigné des tactiques de la séduction qu'il se sent mystérieusement attiré, aimanté vers lui. Qui est-elle ? D'où vient-elle ? Elle s'appelle Louise, Louise de Polastron depuis son mariage. Mariée Louise ? Qu'à cela ne tienne ! Charles lui fait une cour discrète, puis insistante, mais Louise s'en étonne, puis s'en effraie. Et au fil des refus, puis des réticences de Louise, Charles abandonne par étapes la noce, la ribote, les actrices, les boutiquières... « Je ne me sens plus le même auprès de vous », déclare-t-il à Louise qui sent naître en son cœur la petite flamme de l'attachement, puis celle de l'amitié, avant que tout son être s'embrase et partage l'amour le plus pur, le plus noble avec le comte d'Artois devenu conte de fées.

La Révolution survient. Il faut partir hors des frontières. Charles gagne Turin. Louise s'exile à Venise.

Les deux amants s'y retrouvent avant de partir ensemble pour Coblence où sont rassemblés les émigrés. Charles est en grandes difficultés financières, elle lui offre tout l'argent qu'elle possède. Les tribulations de la Révolution les séparent, les réunissent pendant qu'à Paris, Louis XVI et Marie-Antoinette sont guillotinés et que le petit Louis XVII, 10 ans, meurt en prison.

C'en est trop, il faut agir. Avec l'aide des Anglais, Charles débarque à l'île d'Yeu afin de rejoindre les troupes royalistes du Vendéen François de Charette. Mais, à la stupeur des cours européennes, il abandonne ce projet et rentre à Londres ! Et qui donc est accusée de lui avoir conseillé cette retraite peu glorieuse ? Eh bien, son amante Louise ! Elle commence à ressentir les premières atteintes du mal qui va l'emporter : la tuberculose. Elle en meurt à Londres le 27 mars 1804 dans les bras de son amant après lui avoir fait jurer de lui rester fidèle jusqu'à la mort. Serment qu'il respectera, refusant même, en 1821, après l'assassinat de son fils, de se remarier afin de donner naissance à un successeur. « Mon ami est un ange », se plaisait à dire Louise à son entourage.

Un ange ! Le seul peut-être qui soit né en enfer !

41

Claire de Duras et François-René de Chateaubriand : l'amour sans retour

(1808-1828)

« Ma chère Rosalie, j'espère que cette première rencontre avec lui amènera une connaissance plus solide. » Nous sommes en avril 1808, au printemps, en ces jours où sortent de terre mille espoirs de fleurs et de fruits, en ces temps où croît dans le cœur le germe d'amour.

Claire de Kersaint, duchesse de Duras, sent tout cela croître en elle, dans le désordre, l'espoir, le printemps, les fruits, le germe d'amour, tout vibre en même temps et la pousse à confier à Rosalie de Constant la douce perspective qu'elle va entretenir pendant deux ans : revoir François-René de Chateaubriand ! Cette première rencontre l'a troublée au-delà du raisonnable. Bien sûr, son mari, Amédée de Duras, se montre attentionné, mais il est si souvent absent !

Bien sûr, leurs deux enfants, Félicie, 10 ans, et Clara, 9 ans, la comblent d'un bonheur maternel qu'elle sent malgré tout s'émousser au fil des ans, et particulièrement en cette année 1808. Ah, François-René de Chateaubriand, elle l'a trouvé si aimable ce vicomte, si distingué malgré un torse un peu tassé, un cou trop court, mais cela fait son charme, et puis, qu'importe le physique, cet homme est un héros.

N'a-t-il pas reçu les félicitations de Bonaparte pour son livre *Génie du christianisme* qui remet sur les rails la chrétienté française ?

Ne s'est-il pas crânement opposé à ce même Bonaparte lorsque le malheureux duc d'Enghien a été lâchement exécuté à Vincennes ?

Sans compter, bien avant, les aventures de François-René en Amérique à 23 ans, puis ses voyages en Grèce, à Constantinople, en Égypte, son retour par l'Espagne en 1806 où, à Grenade, son cœur a explosé d'amour pour sa maîtresse Natalie de Noailles.

Bien sûr, Natalie est la cousine de Claire. Mais ce sera tellement pratique d'approcher le grand homme grâce à elle ! D'ailleurs, en cet avril 1808, c'est dans le salon de Natalie à Paris que le vicomte François-René a mené une courte conversation avec la duchesse Claire. Deux ans plus tard, ils se revoient dans l'immense château des Duras, à Ussé dans la vallée de la Loire, château où naissent les contes de fées.

Claire se raconte à François-René : son père guillotiné en 1793, son exil à Philadelphie, son séjour aux Antilles au milieu de ses plantations, son retour en Suisse, puis en Angleterre, son mariage enfin... Oui, son mariage de raison, et son cœur tout plein d'amour encore, comme une grenade prête à exploser... « Certes, oui, ah... », le rendez-vous fou de Grenade, François-René saisit la balle au bond, parle de Natalie, sa passion. Mais Claire n'entend pas, ne voit pas, ne devine pas que jamais pour François-René, elle sera une nouvelle Natalie ! Pourquoi ?

Laissons à l'écrivain Sainte-Beuve, l'un de ses contemporains, une interprétation possible : Claire de Duras n'était pas belle. Ah, la belle affaire pour le séducteur François-René, n'a-t-il donc jamais su voir avec le cœur ?

Claire s'emballe, sûre d'avoir décelé dans l'attitude du vicomte des indices pouvant conduire à conclure. « Avez-vous lu son dernier livre, écrit-elle à Rosalie de Constant, pour moi, j'en jouis plus que je ne puis vous le dire. Je vois souvent François-René, et j'ai pour lui une véritable amitié. »

Hélas pour elle, le degré suivant s'appelle l'amour, elle s'en ouvre au vicomte, lui propose un pacte de forte amitié : elle sera pour lui une sœur, espérant en secret un tout autre statut conduisant au droit de jouissance privative.

Mais le grand homme n'ira jamais plus loin que la sororité. « Ma sœur, ma tendre sœur... » lui écrit-il chaque fois qu'il a besoin de l'entremise de Claire fort bien placée auprès du pouvoir pour obtenir une faveur. Et ce sera tout.

« Si je ne vous aimais pas, lui écrit-elle, je ne me soucierais guère de ce que vous écrivez à d'autres. Ne voyez-vous pas le fond de mon cœur ? Avez-vous oublié d'y lire, n'avez-vous pas le temps d'y regarder ? »

Elle tentera l'impossible jusqu'à sa mort en 1828. Il demeurera inflexible. Trop occupé par les Pauline, Julie, Natalie et tant d'autres dans son commerce de cœur, de chair surtout, jamais il ne verra Claire !

42

Adolphe et ses trois Thiers d'amour

(1827-1877)

« Un croûtard abject, un vieux melon diplomatique, il me semble éternel comme la Médiocrité. » Mais quelle violence dans votre propos, Gustave Flaubert ! Pourquoi donc en voulez-vous autant à M. Adolphe Thiers ?

« Quel homme que M. Thiers ! Il parle, il parle, avec une négligence incroyable, se répétant à chaque mot. » Vous aussi, Émile Zola, vous exécrez ce M. Thiers ? Mais pourquoi ?

« Sa figure ingrate, sa conversation négligée, son laisser-aller incorrect ne le faisaient pas prendre au sérieux. » Voyons, Charles de Rémusat, vous qui fûtes l'ami de M. Thiers, et même son ministre de l'Intérieur en 1840, pourquoi, dans vos Mémoires, votre plume devient-elle fielleuse ?

À qui donc faire appel pour résumer en un seul mot Adolphe Thiers, ce petit homme de 1,55 mètre ? Eh bien à un grand écrivain de 1,56 mètre : Honoré de Balzac !

Et quel est donc ce mot ? Rastignac ! Balzac, pour créer ce personnage de *La Comédie humaine*, a pris Adolphe Thiers pour modèle. Rastignac, Thiers, un seul profil : celui de l'arriviste issu d'un milieu sans le sou, mais nanti d'une intelligence et d'une énergie qui serpentent dans les réseaux d'influence et parviennent aux plus hautes responsabilités.

Dans le même temps, cet arriviste endosse tous les faux nez de la bourgeoisie, toutes ses mesquineries, tout son mépris mal déguisé pour le peuple.

Est-ce cela qui vous déplaît messieurs les vrais bourgeois Flaubert et Zola, monsieur de Rémusat l'aristocrate ? Ou bien est-ce les excès de ce petit homme ventru qui fricote avec tout ce qui rêve de fortune et de maintien de l'ordre ?

Ce petit homme qui devient ministre, puis président du Conseil et enfin premier président de la Troisième République après avoir réprimé d'épouvantable façon la Commune de Paris lors de la semaine sanglante, du 21 au 28 mai 1871 ?

Excès dans le commerce avec la gent féminine aussi ? Ah ! Voilà de quoi vous esbaudir, vous réjouir messieurs les écrivains, les politiques, sans compter les lecteurs et auditeurs d'hier et d'aujourd'hui. Revenons en arrière : le jeune homme Adolphe Thiers, impécunieux, monté de Marseille à Paris devient journaliste. En 1827, il fait la connaissance de la famille Dosne.

Mme Sophie Dosne, fille d'une paysanne auvergnate marchande de parapluies à Montmartre, a épousé un agent de change fortuné et peu regardant sur la fidélité de son épouse entichée de notre Adolphe dès qu'elle le rencontre. Lequel Adolphe, devenu député, va obtenir pour le mari un confortable exil à Brest.

Adolphe et Sophie ! À eux la belle vie ! Elle le choie, le gâte et le bichonne. Elle l'entoure de mille attentions, le conseille, filtre ses visites, lui apporte la chaleur et la sécurité pendant que grandit Élise, l'une des deux héritières Dosne, née en 1818. Élise ! En 1833, elle a 15 ans.

Et si Adolphe l'épousait pour quitter ce statut d'adultère que ciblent ses ennemis ? Le 7 novembre, voilà qui est fait ! Ce qui déclenche dans la presse une tempête de rires et de moqueries. Thiers qui épouse, à 36 ans, la fille de sa maîtresse, tout en ayant de troubles bontés pour Félicie, sœur d'Élise, c'est d'un drôle !

On ne parle plus que des « femmes de M. Thiers », trois femmes qui l'accompagnent partout, sauf lorsqu'il s'en va vers celles qu'on appelle les petites femmes…

Car l'appétit sexuel de M. Thiers est insatiable : un jour de 1840, le roi constatant son absence au Conseil des ministres envoie son ministre de la Police le chercher dans la maison close où il a ses habitudes rue de Vaugirard. Le ministre ne connaissant pas le numéro de la chambre crie devant la façade « Adolphe ! Adolphe ! », lequel apparaît nu à la fenêtre ! « J'arrive », rugit-il, et il s'assied bientôt au Conseil, adressant au roi cette excuse : « Je me préparais… »

La mémoire collective hésite aujourd'hui entre l'admiration et la réprobation, l'exécration parfois, pour ce M. Thiers, titulaire de tant de rues, de statues en France. Pourtant, son parcours, son rôle et surtout ses amours valent le détour !

43

La grande passion de Miss Howard

(1846-1865)

Nous sommes en juin 1846. Dans sa propriété londonienne, la romancière Lady Blessington donne une réception à laquelle assistent la bonne société mais aussi quelques aventuriers de passage. On y remarque la présence de Miss Elizabeth Howard, la fille d'un cordonnier de Brighton, qui, après avoir enchaîné à 16 ans les petits rôles au théâtre, est tombée dans les bras d'un colonel aux Life Guards, à qui elle donne un fils : Martin-Constantin.

Ce colonel possède une immense fortune. Il en fait bénéficier sa jeune maîtresse qui peut alors paraître dans la société huppée.

Retrouvons-la chez Lady Blessington... Tiens, mais qui voit-on venir que l'on peut classer sans hésiter dans la catégorie des aventuriers de passage ? Ne serait-ce point le prince Louis-Napoléon Bonaparte en exil après son évasion du fort de Ham au nord de Paris où il avait été emprisonné à vie ? Emprisonné ? Pourquoi donc ? Eh bien, tout simplement pour avoir tenté, en 1840, un coup d'État contre le roi Louis-Philippe ! Louis-Napoléon, neveu de Napoléon Ier, n'a qu'une obsession : suivre la trace prestigieuse de son oncle, et recréer l'Empire !

Le coup de foudre est immédiat entre Elizabeth et Louis-Napoléon ! Lorsque celui-ci rentre à Paris après la Révolution de 1848 qui a renversé Louis-Philippe, Elizabeth, totalement éprise de son aventurier, le suit et devient son soutien le plus sûr !

Victoire pour Louis-Napoléon : il est élu pour trois ans président de la Deuxième République ! Elizabeth exulte, elle s'est installée rue du Cirque, tout près de l'Élysée.

Lorsqu'elle apprend que son idole de président prépare un coup d'État pour conserver le pouvoir en créant le Second Empire, Miss Howard vole à son secours : elle hypothèque ses propriétés anglaises, vend ses chevaux de course, le tout pour une somme astronomique ! Voilà notre Louis-Napoléon d'autant plus à l'aise financièrement que, pour l'aider à atteindre son objectif, quelques gros banquiers se joignent à l'affaire !

2 décembre 1851 ! Le coup d'État est réussi ! Miss Howard se voit déjà impératrice ! Hélas, pour elle, le volage Bonaparte convole avec une comtesse espagnole qui devient l'impératrice Eugénie ! Elizabeth enrage ! Elle menace de se suicider, elle réclame ses millions en or. L'affaire tourne au vinaigre : l'appartement rue du Cirque est vidé par des hommes de main qui détruisent les lettres d'amour et les reconnaissances de dettes !

Après ce coup de sang, le conflit s'apaise d'autant mieux que l'empereur commence à ressentir des douleurs inquiétantes provoquées par un calcul dans la vessie. Napoléon III retrouvera Miss Howard, lui accordera une partie de ses millions et le château de Beauregard près de La Celle-Saint-Cloud, à condition que plus jamais ils ne se revoient.

Pourtant, Elizabeth l'apercevra une seule fois, au théâtre des Italiens à Paris, en 1865. L'empereur est un homme vieilli au dos voûté, souffrant horriblement de sa lithiase urinaire, empêtré dans les scandales successifs de sa vie amoureuse débridée.

L'image du fringant conquérant qui lui avait fait tourner la tête n'est plus qu'un doux souvenir qu'elle emporte quelques mois plus tard dans la mort.

Le souvenir du seul homme qu'elle ait aimé ! Passionnément. Sans calcul.

44

Une histoire de Toto

(1833-1851)

Lundi 1er décembre 1851. Louis-Napoléon Bonaparte arrive à la fin de son mandat de président de la République. Le lendemain, il doit laisser le champ libre à l'organisation d'élections qui porteront un homme neuf au pouvoir.

Quel homme pourrait être élu ? Victor Hugo ? Pourquoi pas ? En a-t-il rêvé en se faisant la barbe le matin ? C'est certain !

Voilà pourquoi il saute du lit comme un ressort, le matin du 2 décembre lorsqu'il apprend le coup d'État qu'est en train de réussir Louis-Napoléon !

Non ! C'est inadmissible ! Victor enrage. À son épouse, Adèle, qui le voit sortir comme une bourrasque et qui lui demande : « Que vas-tu faire ? », il répond « Mon devoir ! »

Voici le texte de son devoir : « Louis-Napoléon est un traître ! Aux armes ! »

Hugo passe devant une troupe de cuirassiers. Il leur lance : « À bas Louis-Bonaparte ! À bas le dictateur ! » Personne ne bouge, ni parmi les cuirassiers goguenards ni dans la foule, pas un mouvement de révolte. Ce silence tétanise Hugo. S'est-il trompé à ce point sur les ressources d'un peuple qu'il juge trahi ?

Dans les allées du nouveau pouvoir issu du coup d'État, on sait que l'ennemi à abattre, c'est Hugo l'enragé, Hugo célèbre qui pourrait entraîner les foules. Sa tête est mise à prix ! On promet 25 000 francs à qui le tuera !

À cette époque, il n'a pas encore écrit *Les Misérables*, *Les Travailleurs de la mer*, *Quatre-vingt-treize*, *Les Contemplations*... On frémit à l'idée qu'appâté par la somme, un pauvre bougre armé eût abattu Toto !

Qui ? Toto, oui, c'est le mignon surnom que donne à Victor celle qui le suit comme son ombre, partout en ces jours de péril extrême : Juliette Drouet ! Leur liaison date de 1833, Victor avait confié à Juliette un petit rôle au théâtre. Il en est tombé amoureux fou.

Victor et Juliette sont devenus amants dans la nuit du 16 au 17 février, nuit dont Juliette fêtera jusqu'à la fin de sa vie l'anniversaire – chaque année, elle écrit un message dans un petit cahier rouge baptisé par les deux amants « Le livre de l'anniversaire » ; il ne quitte jamais son oreiller. Ainsi, le 17 février 1835, Victor y trace ces lignes émouvantes : « Le 17 février 1833, je suis né au bonheur dans tes bras. »

Revenons au coup d'État ! Jeudi 4 décembre. Victor va visiter les barricades qui se sont élevées rue Montorgueil... Les balles sifflent à ses oreilles. La nuit tombe. On tire Hugo par la manche, on le conduit près d'une vieille femme en pleurs qui tient le cadavre de son petit-fils dans ses bras. L'enfant qui jouait avec sa toupie a reçu deux balles dans la tête. C'en est trop, Hugo est atterré. Se sent-il coupable à la vue de cette scène déchirante ? Sans doute.

Il est temps de partir, de quitter le combat et la France.

Juliette a tout prévu : quelques jours plus tard, elle fait enfiler à son Toto une épaisse houppelande, elle le coiffe d'une large casquette, le conduit à la gare du Nord où il va prendre le train, incognito. Son passeport porte ce nom et ce métier d'emprunt : Jacques-Firmin Lanvin, ouvrier typographe. Bientôt, ce sera Jersey, puis Guernesey...

Dès 1835, Victor avait écrit pour elle ces vers :

Quand je ne serai plus qu'une cendre glacée,
Quand mes yeux fatigués seront fermés au jour,
Dis-toi, si dans ton cœur ma mémoire est fixée :
Le monde a sa pensée, Moi j'avais son amour !

On peut les lire aujourd'hui, gravés sur la tombe de Juliette, au cimetière de Saint-Mandé.

45

La tragique romance du général Boulanger

(1837-1891)

Quel homme, Georges Boulanger, le général Boulanger ! Né en 1837, à Rennes, d'un bourgeois breton et d'une aristocrate galloise, il a pour condisciple lors de ses études un autre Georges, Clemenceau celui-là, expert en ironie, entre autres. Celle dont il ornera la mémoire de Boulanger est demeurée célèbre, mais suivons d'abord, au fil de ses aventures, ce fameux général.

D'abord sous-lieutenant sorti de Saint-Cyr, il réprime en 1857 le soulèvement de la Grande Kabylie, puis file vers l'Italie où commence une nouvelle campagne militaire contre les Autrichiens. Une balle traverse sa poitrine, il tombe dans un fossé, et, presque mort, est récupéré par hasard dans la nuit sous des cadavres. Soigné en Suisse, il part pour l'Indochine en 1862.

Première embuscade : en remontant une rivière, il reçoit un coup de lance dans la cuisse ! De retour, le voilà capitaine auréolé d'une réputation de héros, bon vivant qui épouse en 1865 une Lucie Renouard, sans plaisir et sans bonheur.

1870, le 2 décembre : la guerre franco-allemande fait rage ; à Champigny, à l'est de Paris, Boulanger est en première ligne pour repousser les Prussiens. Une balle lui traverse l'épaule. C'est en colonel qu'il participe aux odieux massacres de la Commune ! Blessé (encore !) le 24 mai, le voilà commandeur de la Légion d'honneur. Ce militaire à l'avancement éclair – il devient général en 1880, à 43 ans, le plus jeune de France – agace les autorités. Seize ans plus tard, pourtant, il devient ministre de la Guerre, nommé par Clemenceau.

Sa popularité est immense, car il améliore nettement la condition des soldats, qui ont alors le droit de se laisser pousser la barbe, de posséder des fourchettes, de manger de la morue, qui bénéficient d'assiettes, de sommiers, de fusils perfectionnés. Les guérites sont peintes en tricolore.

Et l'amour dans tout cela, Georges Boulanger ? Eh bien, il surgit en la personne de Marguerite Brouzet, une riche héritière, devenue par son mariage sans amour, à 19 ans, la vicomtesse de Bonnemains.

Le général croise son chemin au début de 1887. « Depuis que je la connais, je ne me reconnais plus moi-même, écrit le général. Je suis aussi assoiffé d'amour que si j'avais vingt ans ! » Il en a 50, et Marguerite 28. La Troisième République éloigne ce monarchiste inquiétant dont les tentatives revanchardes contre l'Allemagne menacent la paix précaire. Il est envoyé à Clermont-Ferrand.

Le jour de son départ, gare de Lyon, ses partisans par milliers envahissent les voies, il est obligé de se cacher dans la locomotive pour leur échapper. Marguerite le suit discrètement. Les tourtereaux vivent leur passion à Royat, dans l'hôtel Les Marronniers tenu par Marie Quinton, amie intime du couple. Elle affirme dans son journal personnel, le mardi 25 octobre 1887 : « Marguerite fera de lui ce qu'elle voudra. Si elle l'aime pour lui plus que pour elle-même, elle le rendra grand. Sinon, il est perdu. »

Éligible après sa mise à la retraite pour quelques excès, il devient député de Paris le 27 janvier 1889. Un panaché composite de mécontents – les bonapartistes, les monarchistes et l'extrême-gauche – le choisit pour guide suprême. Au soir de son élection parisienne, partout dans Paris, on crie à Boulanger : « À l'Élysée ! À l'Élysée ! »

Mais Boulanger se rappelle ce que Marguerite lui a dit : « Si tu fais trop de politique, tu me perdras. » La prédiction de Marie Quinton se réalise : Marguerite l'aime pour elle-même, il est perdu ! Menacé d'arrestation, il s'exile à Bruxelles où, le 16 juillet 1891, Marguerite meurt de tuberculose dans ses bras.

Désespéré, deux mois plus tard, le 30 septembre, il se rend au cimetière d'Ixelles où elle repose. Sur sa tombe, il avait fait graver « À bientôt ». Une détonation retentit. Boulanger s'est tiré une balle dans la tête. De ce condisciple qu'il avait fait ministre, Clemenceau aura ce jugement sans appel : « Il est mort comme il a vécu, en sous-lieutenant. » Ce qui est charmant pour les sous-lieutenants !